아는동네
아는성수

Editorial Letter

낡음과 새로움이 공존하는 도시

네 번째 '아는동네'는 성수동이다. 서울에 몇 남지 않은 준공업지역이다. 계획된 지역답게 격자형의 대로가 가르는 큼지막한 필지엔 인쇄소와 구두공장 그리고 자동차정비소 등 도심에 꼭 필요한 경공업이 일찌감치 자리 잡았다(#인더스트리얼 힙타운). 그러나 빠른 시대 변화에 미처 따라가지 못한 낡은 공장과 장인은 차츰 서울 밖으로 밀려났고, 공장마저 멈춘 밤엔 인적마저 드문 조용한 동네가 되었다(#레트로 성수). 자연스레 이들을 상대로 장사하던 상점은 하나둘 문을 닫았고, 도심과 가까운 좋은 입지임에도 크게 주목받지 못했다. 메케한 금속 냄새로 가득했던 공업지역에 작은 변화가 시작된 데에는 2005년 문을 연 서울숲이 큰 역할을 했다(#서울숲). 과천으로 이전한 경마장 자리, 체육공원으로 쓰이던 빈 땅이 '도시숲'이 됐다. 매년 수백만 명의 시민이 이곳을 찾았고, 2011년 낡은 창고로 방치돼 있던 대림창고에 갤러리와 카페가 들어서며 근처의 빈 공장과 창고가 차례차례 개성 있는 카페로 탈바꿈했다. 비교적 층고가 높고 널찍한 공간임에도 임대료가 저렴해 젊은 예술가와 창작자들이 금세 몰려들기 시작했다(#힙플레이스 타임라인). 뒤이어 사회적 기업이 먼저 동네의 가치를 발견하고 둥지를 틀었다. 2012년 말 아시아공정무역네트워크가 처음 터를 잡았고, 2013년 서울그린트러스트가 대형 주택을 임차해 들어왔다. 비영리 사단법인 루트임팩트와 그들이 만든 공동체 주택 '디웰'이 문을 열었고 잇따라 소셜벤처들도 모여들었다(#소셜&공유밸리). 판에 박힌 듯 찍어낸 무개성의 아파트에서 살던 밀레니얼은 생전 처음 본 높은 층고와 거친 인더스트리얼 디자인에 푹 빠졌고, 힙스터들은 고성능 휴대폰과 인스타그램을 무기로 포토제닉한 공간을 프레임에 담았다. 손쉽게 구할 수 있어 싸구려 재료로 인식되던 벽돌이 동네의 상징이 되었고 서울시는 아예 서울숲 북쪽 지역을 '붉은벽돌 마을'로 지정해 이를 보존하기로 한다(#붉은색과 회색). 이렇게 낡은 것의 가치를 재발견해 적은 비용으로 공간을 다시 만드는 도시재생의 중심지로 부상하고 새로운 가치를 찾아 헤매던 부동산 업체들이 가세하며 이 지역은 서울에서 가장 힙한 동네로 떠올랐다. 그 위상은 미국 뉴욕의 브루클린이나 독일 베를린의 이스트사이드와 비교되기도 한다(#성수동과 브루클린, 두 도시 이야기).

10년도 안 되는 짧은 시간 동안 상전벽해를 겪으며 기억상실증과 젠트리피케이션의 도전에 직면한 성수동. 부동산 임대료는 치솟고, 과도한 투기 자본이 몰렸다는 소문이 돌았다. 카페 일색의 성수동이 매력 없다고 느끼는 이들도 있고 홍대, 이태원 등에서 온 힙스터들은 지역 이미지만 소비하고 다시 떠날 채비를 한다. 동네 창작자가 모이는 커뮤니티 공간과 다양성에 기반한 선순환 생태계가 필요하다는 지적도 있다(#성수에는 없는, 성수에만 있는). 물론 긍정적 변화도 있다. 문화의 불모지에 문화재단과 공연장이 들어왔고, 작은 브랜드와 협업하는 신개념 편집숍과 공유공장이 들어섰다(#신생산기지). 이곳을 오랫동안 지켜온 사람들은 이런 변화에도 아랑곳하지 않고 일상을 영위한다. 결국 도시는 물리적 공간의 변화로 바뀌는 게 아니라 이곳에서 살아가는 사람들이 움직인다. 빨리 뜨고 빨리 지는 전철을 밟지 않고 오래됨과 새로움, 낡음과 새로움이 공존하며 도시의 혼성을 간직하는 것이다. 끝으로 우리는 다시 지속할 수 있는 개성을 갖춘 지역으로 거듭나길 바라는 목소리를 담았다(#일상과 비일상의 점·선·면).

이번 호는 구성을 조금 바꿨다. 성수동을 도시와 건물 중심의 '하드웨어' 그리고 사람들과 역사의 이야기인 '소프트웨어', 소프트웨어와 하드웨어를 작동시키는 '프로그램' 이렇게 세 가지로 나누어 살펴봤다. 아울러 전문성 있는 필자들의 원고로 도시변태 섹션을 새롭게 꾸렸다. 낡음과 새로움, 익숙함과 낯섦이 공존하는 성수동 여행에 소중한 안내서가 되기를 희망한다.

편집장 심영규

Contents

INTRO

Editorial Letter
2

성수동 취향 지수 CHECK LIST
6

News Library
8

Infographic
10

HARDWARE

1
#힙플레이스 타임라인
성수동 10년사, 힙의 연대기
12

#도시변태 01
성수동과 브루클린, 두 도시 이야기
30

2
#붉은색과 회색
두 가지 색 이야기
44

3
#서울숲
서울숲의 어제, 오늘 그리고 내일
52

4
#인더스트리얼 힙타운
준공업지역 힙타운의 특수성
58

#도시변태 02
일상과 비일상의 점·선·면
66

SOFTWARE

5
#성수미식회
토박이의 맛, 힙스터의 맛
76

6
#레트로 성수
새로운 낡은 미래
82

#도시변태 03
성수에는 없는, 성수에만 있는
88

7
#OLD&NEW
전통제조산업
98

#도시변태 04
'성수동'이라는 브랜드
108

PROGRAM

8
#소셜&공유밸리
따로 또 같이
112

9
#임팩트 투자
소셜벤처 창업가, 임팩트 투자가에게 묻다
126

#도시변태 05
성수를 K-팝 랜드마크로:
작곡가 김형석의 그림
132

10
#신생산기지
새로운 가치를 만드는 공장
136

OUTRO

성수동 코스
154

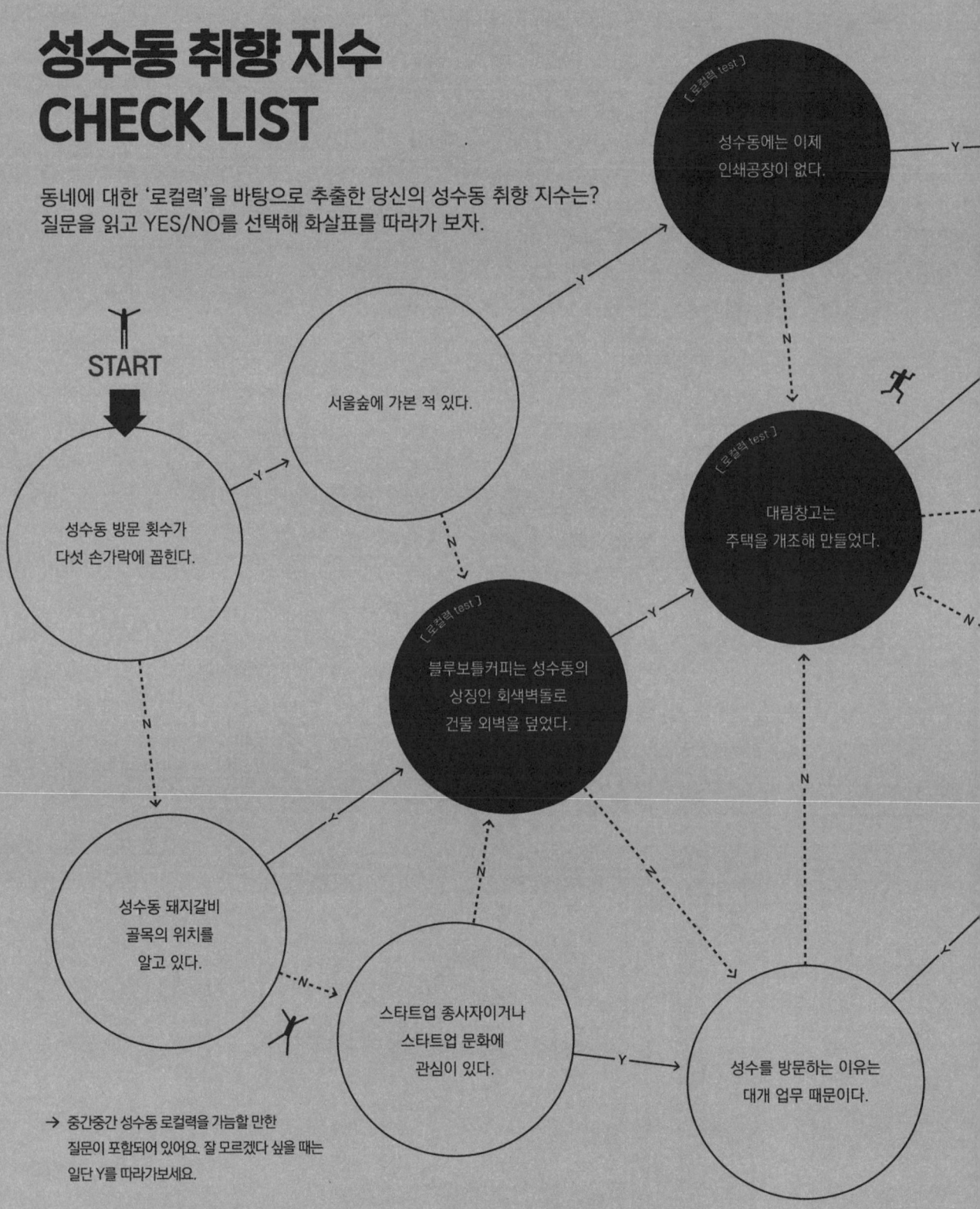

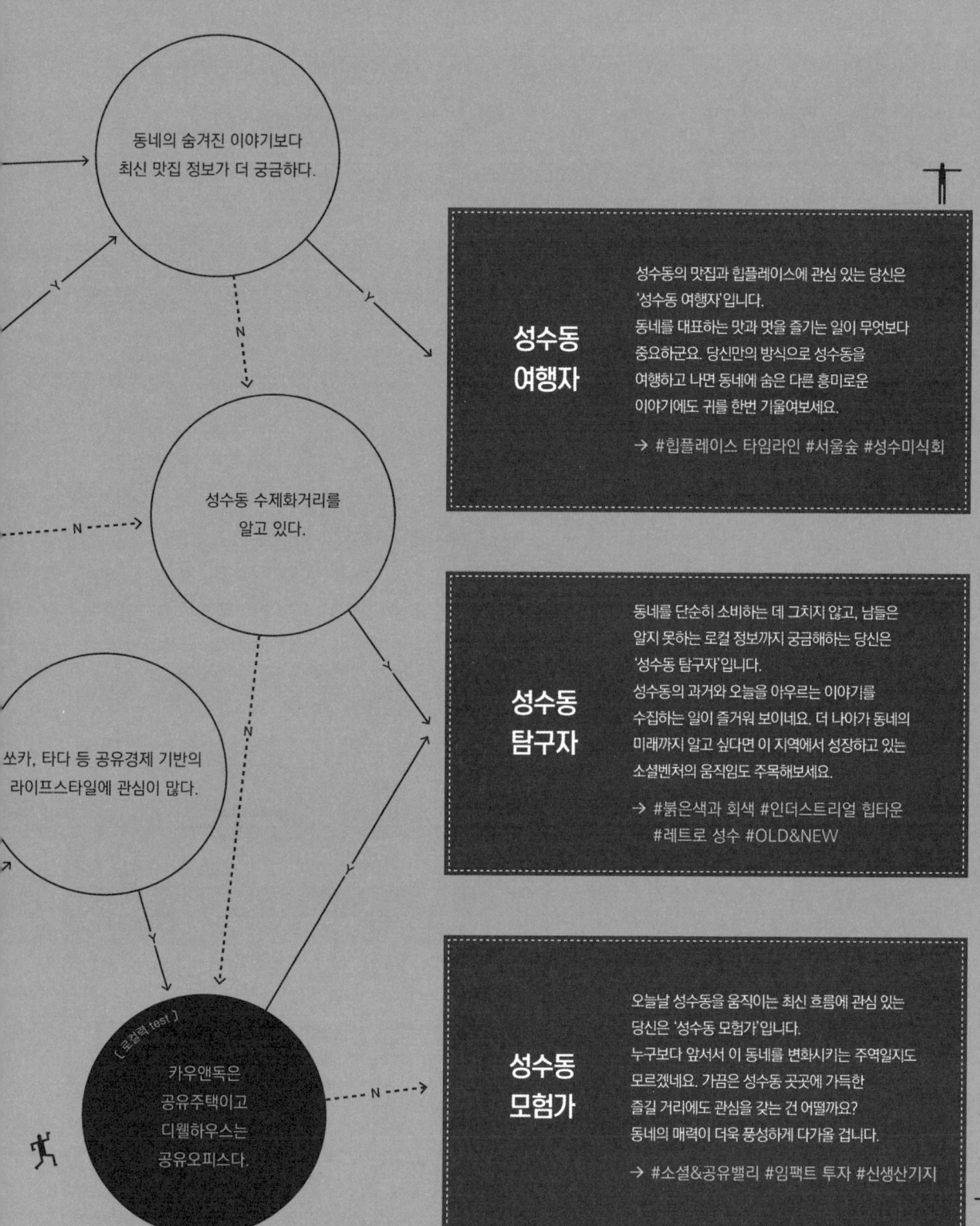

纛島市場計劃 今秋內에 實現코저

纛島面長 李慶來氏와 纛島郵便所長 河原田甫氏는 纛島市場을 設置코저 발서부터 計劃中이엿스나 不得已 한 事情으로 于今 成功치 못함을 遺憾으로 아라 오던 바 近日에는 纛島有志 諸氏와 其設置 對策을 考究中이라는데 面長 李慶來氏의 말을 들으면 自己가 面長에 就職하기 前부터라도 部落 發展上으로 보아 市場 設置를 得策으로 녀이엿슬뿐 아니라 就職된 今日까지 各方面으로 周旋도 하엿스나 諸般 事情이 如意치 못하야 實施는 못 되엿스나 今般은 一般 有志의 援助를 得하야 某條로는 今秋以內에 實施토록 盡力하겟다 하며 一般 里民은 一日이라도 早速히 實施되기를 期待한다고.

동아일보 1924.09.08 기사 발췌

聖水洞에 물난리 16家口 浸水, 둑으로 待避

11일 상오 쏟아지는 호우로 서울 성수동1가 656 14통 일대의 하수구가 막히고 한강물이 불어나는 바람에 통장 表蓮花씨 집 등 16가구가 침수되어 이재민 2백여 명이 「둑」으로 대피했다. 이 지대는 올해 들어 벌써 두 번이나 물난리를 당했다.

경향신문 1964.08.11 기사 발췌

國民保健에 도움! 뚝섬遊園地 修理 完成

서울시 궤도 관리청에서는 그동안 「뚝섬」 유원지를 대폭 수리 중이던 요즈음 그 수리 공사의 완성을 보았다는데 동 유원지 내에는 「콜프장」 「풀」 「아동용 그네」 「뽀-드」 「배구장」 「탁구장」 「정구장」 「식당」 「매점」 등 각종 오락시설이 완비되고 있다는 바 시민 위안처로서 앞으로 기여할 바 크다고 한다.

동아일보 1954.08.08 기사 발췌

뚝섬 工場 지대 住民 건강 위협 公害 극심

주택과 공장이 함께 들어서 주민들이 시달리는 뚝섬 공장지대.

동아일보 1978.11.29 기사 발췌

성수동 일대 수제화 메카로

서울 성동구 성수동 일대가 '수제화의 메카'로 집중 육성된다. 성동구는 성수동 지역에 밀집돼 있는 제화업체를 특성화하는 '수제화 거리'를 조성해 관광 상품화하는 동시에 공동 제화 브랜드 개발 등 다양한 협력 방안을 모색하기로 했다고 27일 밝혔다. 성동구 중소기업센터에 따르면 현재 성수동 일대에 등록된 제화업체는 500여 곳이지만 등록되지 않은 제화 업체를 합하면 1,000여 곳에 이르는 것으로 추산돼 업체들 간의 협력 체제 구축이 요구돼 왔다.

문화일보 2009.10.27 기사 발췌

저금리시대의 확실한투자

성수의 산업단지가 지금은 동부의 핵심시가로 바뀌었읍니다

"최고요지의 황금상가를 임대·분양합니다"

12월 20일 전관개장

상권개요
1. 수심만 지역주민의 밀집주택입구
2. 밀집된 500개의 기업체 단지의 관통도
3. 차소는 아파트단지 1,000여대차 정문앞
4. 전철 2호선의 성수역 입구
5. 동부지역의 수십노선의 교통집중지
6. 제일은행 성수지점 예금실적 최고
7. 생산과 소비의 집약부입니다.
8. 국내 2번째의 소극장과 함께 개장(3층)
9. 바니걸스의 바니제과점 동시개장 (1층)

교통편
19, 63, 67, 69, 67-1, 146, 240, 500, 500-1, 542, 543, 572, 573, 569, 570, 666, 주택도 하차

※ 전철 : 성수역하차

성수지역의 명동. 100% 투자효과

권장업종
1층 : 약국,제과점,가전제품,비디오,귀금속,시계,화장품,양품,신사·숙녀복,기성복(유명메이커), 아동복
2층 : 각과의원,병원,한의원,이발관,미용실,사진관
지하 : 미용학원,음악학원,헬스크럽,체육관,당구장,탁구장
지하 : 다방,경양식,한식,일식,중식,스넥드빅,기타입종

성수상가분양사무실 ☎ 464-6004 464-1513

서울의 地下鐵 시대

서울의 地下鐵 2호선 乙支路입구와 聖水 구간이 시운전도 끝내고 주말부터 운행에 들어간다. 서울 都心의 상업권과 江南·江東 지역을 잇는 이 구간은 2호선 구간에서도 가장 하일라이트에 속하는 노선이다.

동아일보 1983.09.15 기사 발췌

성수동 아파트형 공장 재건축 붐

소규모 영세 공장지대인 서울 성동구 성수동 일대에 최신 설비를 갖춘 아파트형 공장이 잇따라 재건축되고 있다. 아파트형 공장은 종업원들의 근무 환경과 복지 수준을 높일 뿐만 아니라 지역 슬럼화를 막고 오염·혐오 시설을 없앨 수 있기 때문이다. 특히 지하철 2호선 성수역 일대는 7호선과 분당선이 이어지고 동부고속화도로, 강변도로, 올림픽도로로 쉽게 연결돼 물류가 원활한 데다 배후 주거단지 등지에서 노동 인력 수급이 용이하다.

매일경제 1997.06.17 기사 발췌

특보 성수대교 붕괴

21일 오전 7시 48분쯤 서울 성동구 성수대교 중간 5번과 6번 교각이 갑자기 무너져 내리면서 상판 50m가량이 떨어져 다리를 지나던 서울5사8909호 16번 시내버스와 봉고·승용차 등 차량 10대 이상이 다리 밑으로 추락했다. 이날 사고로 오전 9시 30분 현재 학생과 시민 50명이 사망하고 29명이 구조된 것으로 확인됐다. 그러나 사고 시간이 출근 시간이어서 더 많은 차량들이 추락, 인명 피해는 더욱 늘어날 것으로 보인다.

경향신문 1994.10.21 기사 발췌

성수동공단 20대 노동자 "아직 일 있어 다행" 공장 문 닫으면 그땐…

공장지대가 '썰렁'…

11년 전 열다섯 어린 나이로 공장에 들어왔을 때나 지금이나 공장의 모터 소리는 변함이 없다.

그러나 ㅎ섬유 이아무개(26·서울 광진구 자양동)씨에게 들리는 모터 소리는 예전과는 느낌이 다르다. 나이에 비해 제법 오래 '공장밥'을 먹은 이씨에게 요즘같이 성수동 공장지대가 '썰렁한 적'은 없었다고 했다. "동네 분위기가 가라앉으니까 힘이 안 나요. 이 공장 저 공장 문 닫는 것 보면 섬뜩합니다. 제가 일을 계속하는 것만도 다행이죠." (중략) 이씨가 처음 공장에 나오던 십년 전만 해도 성수동 일대에는 1천여 개 업체가 있었는데 이제는 겨우 200개 남짓만이 남았다. 이씨도 다니던 공장이 망해 옮긴 적이 벌써 열 번 가까이 된다. 경쟁력이 있는 공장들도 며칠 지나 가보면 문 닫아 버린 일이 부쩍 늘었다.

그래서 이씨는 불안을 떨치기가 힘들다고 말했다. "결혼보다도 사실 공장장이 되는 것이 더 소중한 꿈이죠. 그런데 공장이 남아나야 저도 희망을 갖고 살 텐데 온 나라가 다 이러니 어쩌겠습니까."

한겨레 1997.12.15 기사 발췌

시민 10만여 명 입장 '서울숲' 오늘 개장

'서울의 센트럴파크'를 표방한 뚝섬의 서울숲이 2년 5개월간의 공사를 마치고 6월 18일 시민들에게 개방됐다.

연합뉴스 2005.06.18 기사 발췌

서울의 브루클린 '성수동'… "월세, 2년새 2배 올라"

서울 성동구 성수동이 미국 뉴욕의 브루클린처럼 변화하고 있다. 지난 17일 찾은 성수동 곳곳에는 기존 폐공장과 창고 등을 리모델링해 만든 카페, 쇼룸, 스튜디오 등이 들어서 있었다. 성수동 F공인중개소 관계자는 "공장들만 즐비했던 성수동이 이제는 젊은이들이 많이 찾는 공간으로 탈바꿈했다"며 "성수역 인근에서 뚝섬역 일대까지 상권이 형성됐다"고 귀띔했다.

머니투데이 2016.02.20 기사 발췌

성수동 미리 보기

성수동의 이모저모를 숫자로 읽어본다.

인더스트리얼 성수

토지 현황 (2018년 자료 기준)

성수동 내 공장용지 비율은 서울 전체 평균에 비해 **20배** 이상 높다.

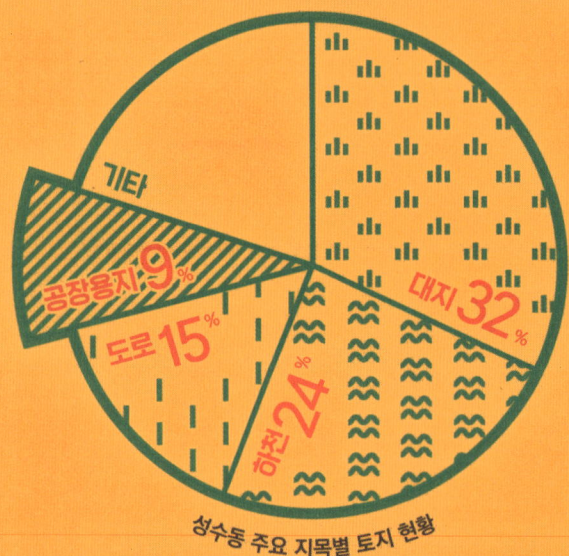

성수동 주요 지목별 토지 현황
- 공장용지 9%
- 기타
- 도로 15%
- 하천 24%
- 대지 32%

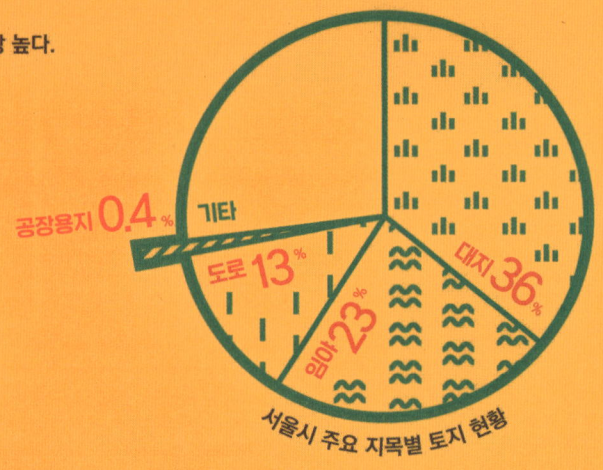

서울시 주요 지목별 토지 현황
- 공장용지 0.4%
- 기타
- 도로 13%
- 임야 23%
- 대지 36%

사업체별 종사자 상위 (2017년 기준, 단위 명)

- 1위 제조업 (22,275)
- 2위 도매 및 소매업 (17,891)
- 3위 사업시설 관리 사업 지원 및 임대 서비스업 (10,076)
- 4위 전문 과학 및 기술 서비스업 (8,808)
- 5위 정보통신업 (7,945)

지하철역 이용객 (2018년 4월 둘째 주 기준, 단위 명)

성수동 관내 지하철역의 주중 이용객 수는 주말 이용객 수보다 **2배** 이상 많으며, 이용객은 평일 출퇴근 시간대인 오전 5시~9시, 오후 17시~21시에 몰리는 경향이 있다.

이를 통해 성수동이 여전히 <u>업무지구의 성격</u>을 띤다는 사실을 알 수 있다.

요일별 승하차 이용객

시간대별

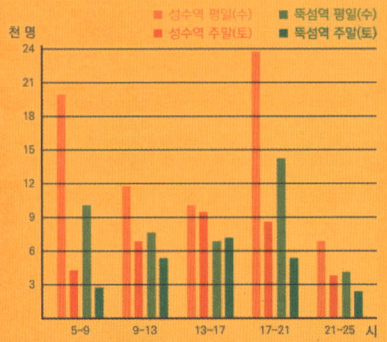

Infographic

글 강필호

참고 자료

국토교통부, 서울교통공사, 서울열린데이터광장, 서울통계연보, 서울시 우리마을가게 상권분석 서비스.

힙타운 성수

서울시 주요 도심·부도심 접근성

대중교통 이용 시
- 종로 27분
- 강남 30분
- 이태원 35분
- 홍대 35분
- 여의도 45분
- 영등포 50분

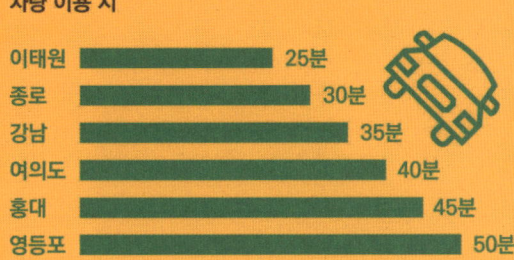

차량 이용 시
- 이태원 25분
- 종로 30분
- 강남 35분
- 여의도 40분
- 홍대 45분
- 영등포 50분

지하철 2호선과 분당선, 한강에 연한 간선도로가 지나는 성수동은 **접근성이 좋은 지역**으로 주목받고 있다.

표준지 공시지가 (2019년 자료, 단위 원/㎡)

성수동1가: 13,500,000 / 25,000,000 / 14,500,000

성수동2가: 9,800,000 / 9,700,000 / 8,800,000 (뚝도시장)

표준지 평균 공시지가

성수동1가: 5,120,769 (2018) → 6,368,462 (2019) ▲ 20%

성수동2가: 4,897,203 (2018) → 6,034,406 (2019) ▲ 19%

2019년 기준, 성수동의 공시지가는 전년 대비 **20%** 상승했다. 이는 서울 표준지 공시지가의 평균 상승률인 13.87%를 상회하는 수치다. 성수동1가의 공시지가는 서울숲과의 인접 여부, 지하철역 인접 여부의 영향을 받는다. 성수동2가의 공시지가는 뚝도시장 주변 재개발 이슈, 한강 인접 여부의 영향을 받는다.

1

힙플레이스 타임라인

성수동 10년사, 힙의 연대기

성수동에 밀레니얼이 모여든 지는 그리 오래되지 않았다. 불과 10년 남짓. 그동안 강산만 변한 것은 아니다. 동네의 모습도 시나브로 바뀌었다. 2010년대는 성수동의 역사에서 어떤 페이지로 기억될까. 아마 이전과는 전혀 다른 문장으로 기록될 것이다. 지난 10년 사이 공장은 카페와 스튜디오로 변했고, 노동자의 골목에는 예술가들이 자리를 잡았다. 성수동 힙플레이스의 공통적 특징은 세월의 흔적을 함부로 닦거나 부수지 않는다는 점이다. 시간의 얼룩을 그대로 드러내고 그 자체로 아름답게 받아들인다. 변화하되 보존하며 새로운 유행과 가치를 만들어가는 것이다.

글 이영주

1 / 힙플레이스 타임라인

대림창고부터 블루보틀커피까지

성수동의 '핫함'이 식을 듯하다 다시 타오르는 까닭은, 해마다 줄기차게 등장한 새로운 공간들 때문이 아닐까. 대림창고부터 블루보틀커피까지, 성수동의 변화를 이끈 힙플레이스 25. 이것은 성수동 10년사이자 '힙(hip)'의 연대기다.

2011

성수동의 랜드마크

대림창고
Daelim Changgo

대림창고가 '성수동의 멋을 발굴한 선구자'라는 데 이의를 제기할 사람은 없다. 1970년대 정미소, 1990년대 물류창고로 쓰인 벽돌 건물은 2011년 복합문화공간으로 재탄생했다. 행사장, 촬영지 등으로 각광받던 이곳에 2016년 성수동대림창고갤러리 컬럼(CO:LUMN), 2017년 바이산(BAESAN)이 들어섰다. 특히 컬럼은 대림창고 정성윤 대표의 지원 속에 설치미술가 홍동희가 공간 디자인을 맡았다. 컬럼의 개점 이후 대림창고는 대중적 공간으로 한 단계 진화했다. 대림창고의 성공으로 성수동에는 창고형 카페가 늘어났다. 카페뿐 아니라 예술가의 작업실, 개성 넘치는 편집숍도 급증했다. 공장지대로 인식하던 성수동을 문화적 관점에서 바라보게 된 것이다. 성수동의 변화는 그렇게 시작됐다.

📍 서울시 성동구 성수이로 78
🚇 성수역 인근 | 창고형 | 복합 용도
🏛 1971~1973 차례로 준공 | 2011.10. 개점

2013

인더스트리얼 스타일의 정석

베란다인더스트리얼
VERANDA INDUSTRIAL

공장을 개조한 매장들은 대개 인더스트리얼 인테리어를 추구한다. 가장 쉬운 선택이지만, 여기에 감각을 입히기는 상당히 어렵다. 베란다인더스트리얼은 이름 그대로 공장의 느낌을 십분 살린 공간이다. 김정한 작가는 금속공장을 보수해 작업실 겸 갤러리로 사용했다. 감성적인 분위기가 반향을 일으키며, 2010년대 초반 스튜디오 대관 요청이 쇄도했다. 대대적인 리뉴얼 후 올해 4월 다시 갤러리로 문을 열었다. 이웃한 갤러리 카페 사진창고도 함께 둘러보길 권한다.

📍 서울시 성동구 성수이로7길 26
🚇 성수역 인근 | 공장형 | 복합 용도
🏛 1975 준공 | 2013.10. 개점

2014

히스토리와 스토리의 밸런스

자그마치
zagmachi

대림창고와 더불어 성수동의 변화를
주도한 공간이다. 인쇄공장을 카페 겸
조명 갤러리로 바꾸면서, 옛 공간의
'히스토리'를 새 공간의 '스토리'에
자연스럽게 녹여냈다. 'Z'가 적힌 철문
역시 기존 인쇄공장의 흔적이다. 이제 그
철문은 자그마치의 상징이 되었다. 김재원
대표는 자그마치를 시작으로 꾸준히
성수동의 결을 만들어가고 있다. 그는
연무장길에 카페 오르에르(or.er.), 리빙
편집숍 W×D×H를 연이어 개점했다.

📍 서울시 성동구 성수이로 88
🚇 성수역 인근 | 공장형 | 복합 용도
🗓 1987 준공 | 2014.2. 개점

2015

'패피'들의 보물 창고

수피
supy

대림창고 맞은편에 위치한 수피는
도발적 감각의 의류 편집숍이다.
이계창 대표는 패션 피플을 낯선 동네로
끌어당긴 '성수동의 개척자'다. 2014년
브랜드 시작 후 2015년 지금의 건물
2층에 매장을 열었는데, 대중의 호응에
힘입어 이후 1층까지 확장했다. 수피가
들어선 자리에는 과거 봉제공장과
인쇄공장이 있었다. 2017년에는 바로
옆 건물에 카페도 개점했다. '성공적인
해적들(successful pyrates)'이란 뜻의
수피는, 여전히 해적의 보물섬 같은
모습으로 성수동을 지키고 있다. 참고로
'pyrate'는 해적(pirate)의 옛 표현이다.

📍 서울시 성동구 성수이로 71
🚇 성수역 인근 | 공장형 | 복합 용도
🗓 1968 준공 | 2015.10. 개점

1 / 힙플레이스 타임라인

2016

선한 의도로 쌓아 올린 컨테이너들
언더스탠드에비뉴
UNDER STAND AVENUE

색색깔의 컨테이너 100여 개가 서울숲 진입로에 가지런하게 쌓였다.
그 덕분에 공사장 옆 유휴 부지는 도시의 명소로 변신했다. 언더스탠드에비뉴는 국내 최초 민·관·기업 상생 협력 사회 공헌 프로젝트로, 취약 계층의 자립 지원을 위해 조성한 복합문화공간이다. 롯데면세점과의 계약 종료 후 2017년 12월 신한은행이 새로운 파트너가 됐다. 전문 멘토링을 통한 창업 교육, 스타트업 구인·구직 매칭, 소상공인 자생력 강화 프로그램 등 성동구의 지원까지 더해져 일자리 창출 플랫폼으로 거듭나는 중이다.

◎ 서울시 성동구 왕십리로 63
♀ 서울숲 인근 | 신축 | 복합 용도
▦ 2016 준공 | 2016.4. 개관

세계 제패를 꿈꾸는 동네 맥주
어메이징브루잉컴퍼니
Amazing Brewing Co.

성수(聖水). '성스러운 물'이라니, 이름부터 양조장을 짓기에 적합한 동네가 아닐 수 없다. '성수동 페일에일'로 유명한 어메이징브루잉컴퍼니는 성수동의 명소이자 수제 맥주의 명가다. 오래된 목공소와 그 옆의 연마공장을 연결해 브루펍으로 만들었다. 다품종 소량 생산 수제 맥주로 승부수를 띄웠고, 그 전략은 주효했다. 현재 잠실과 송도에도 양조장을 마련했으며, 이를 발판 삼아 세계 시장 진출까지 차근차근 준비 중이다.

◎ 서울시 성동구 성수일로4길 4
♀ 뚝섬역 인근 | 공장·창고형 | 펍, 브루어리
▦ 1959 준공 | 2016.4. 개점

'성수'라는 확실한 취향
오르에르
or.er.

오르에르에 가면 '오래된, 그래서 새로운' 공간의 가치가 보인다. 오르에르는 성수동이기에 가능한 형태의 공간이다. 분명 앞쪽은 상가건물인데 안쪽으로 들어가면 주택이 나타난다. 건축물과 건축물이 맞닿으며 뒤쪽에는 자연스레 고즈넉한 정원까지 생겼다. 가죽가게였던 1층은 카페, 구두공장이었던 2층은 라운지로 꾸몄다. 라운지 한쪽에는 작은 문구점을 운영하고 있다. 가정집으로 사용했던 3층에 문을 연 '오르에르 아카이브(or.er. archive)'에서는 무용해도 아름다운 물건들을 판다.

📍 서울시 성동구 연무장길 18
👤 연무장길 인근 | 공장·주택형 | 복합 용도
🏛 1978 준공 | 2016.5. 개점

파란 지붕의 감나무 집
트와블루
Toit Bleu

파란 지붕의 붉은벽돌집. 트와블루(Toit Bleu)는 불어로 '파란 지붕'을 뜻한다. 서울숲 근처에 가정집을 개조한 카페는 많지만, 의외로 단층 주택은 드물어 시선을 사로잡는다. 바로 옆에 위치한 밥집 '할머니의 레시피'도 눈여겨볼 만하다. 트와블루 곳곳에는 1960년대 주택 특유의 푸근한 정서가 고스란히 묻어 있다. 마당에 있던 감나무를 중심으로 정원을 가꿨는데, 인위적으로 조성한 뜰이 아니라 오랫동안 머물고 싶어진다. 2018년 11월에는 와인 바 트와블랑(Toit Blanc)이 근처에 문을 열었다.

📍 서울시 성동구 서울숲6길 11-1
👤 서울숲 인근 | 주택형 | 카페
🏛 1962 준공 | 2016.6. 개점

포장 없는 가게
더피커
the picker

국내 최초 제로 웨이스트(zero waste) 상점이다. 더피커는 리사이클링과 업사이클링에서 한 걸음 더 나아가 프리사이클링(precycling)을 추구한다. 재활용하는 것도 중요하지만, 애초에 쓰레기 발생을 줄이자는 움직임이다. 개점 초기만 해도 생소한 영업 방식이었지만, 최근 환경문제가 화두로 떠오르며 관심과 응원의 목소리도 높아졌다. 더피커는 가게에서 판매 중인 식자재를 활용해 음식을 만드는 그로서란트(grocerant) 매장이기도 하다. 2019년 4월 27일 매장 운영을 종료했으며, 온라인 스토어는 계속 운영 중이다.

📍 서울시 성동구 서울숲2길 13
👤 서울숲 인근 | 주택형 | 식료품점, 레스토랑
🏛 1977 준공 | 2016.7. 개점

2016

꽃보다 아름다운 마음이 모인 공간
마리몬드라운지
MARYMOND lounge in seongsu

마리몬드는 인권을 위해 행동하는 라이프스타일 브랜드다. 휴먼 브랜딩 프로젝트를 통해 우리 사회가 기억해야 할 이야기들을 끊임없이 발굴하며, 그 과정에서 탄생한 패턴을 디자인 제품으로 제작해왔다. 현재 일본군 '위안부' 피해 할머니의 삶을 재조명하는 '꽃할머니 프로젝트', 아동 학대 이슈에 초점을 맞춘 '프로젝트 나무'를 진행 중이다. 또한 영업이익의 50% 이상을 일본군 '위안부' 문제 해결을 위해 활동하는 단체와 아동 인권 보호 관련 단체 등에 전달하고 있다. 2015년 그라운드엠(GROUND M)으로 출발한 마리몬드라운지는 제품 구매뿐 아니라 다채로운 체험이 가능한 복합문화공간이다.

서울시 성동구 서울숲6길 12
서울숲 인근 | 상가형 | 복합 용도
2003 준공 | 2016.8. 개점

공유의 가치를 실현하는 곳
카페퍼슨비
CAFE Person B

임팩트스퀘어(IMPACT SQUARE), 서울그린트러스트(SEOUL GREEN TRUST) 등 사회적 기업이 입주한 공유오피스인 심오피스(SEAM OFFICE) 1층에 있는 휴게 공간이다. 이 일대에는 소셜벤처 기업이 밀집해 있는데, 공유오피스에 속한 공간인 만큼 카페퍼슨비의 작업 환경도 아주 쾌적하다. 뚝섬역에서 도보로 4분 정도 소요되며, 대관 일정이 없을 때는 지하 홀까지 이용 가능하다. 굳이 사무 공간을 임대하지 않더라도, 집중할 수 있는 작업 환경이 필요한 사람에게 추천하고 싶은 곳이다.

서울시 성동구 서울숲길 53
뚝섬역 인근 | 상가·주택형 | 카페
1989 준공 | 2016.8. 개점

이것이 리얼 빈티지
어니언
onion

무한 셔터를 부르는 포토존
레이어57
LAYER57

레이어57은 400평(1,322.3㎡) 규모의 스튜디오다. 인쇄공장의 분위기를 그대로 살리는 방향으로 보수가 이뤄졌다. 플러스준스튜디오가 서울 곳곳에 마련한 여러 공간 중 하나다. 사진 촬영에 최적화된 공간이라 어디에서 찍어도 원하는 컷을 건질 수 있다. 단, 렌털 스튜디오인 만큼 예약 없이 상업적으로 촬영하는 것은 불가하다. 스튜디오 외에도 카페와 아트북 서점이 함께 있어 다양한 방식으로 시간을 보내기 좋은 곳이다.

📍 서울시 성동구 성수이로20길 57
📍 연무장길 인근 | 공장형 | 복합 용도
🏛 1969 준공 | 2016.12. 개점

대림창고를 잇는 성수동의 랜드마크. 성수역에서 도보로 2분만 이동하면, 허름한데 묘하게 매력적인 공간이 나타난다. 이곳은 50여 년간 슈퍼마켓, 식당, 정비소 등으로 수차례 모습을 달리해왔다. 용도에 따라 수리와 철거를 반복하는 동안 건물은 세월까지 흡수했다. 어니언의 리모델링 포인트는 '그대로' 두는 것. 페인트 얼룩, 덧댄 벽돌과 같은 흔적을 과감하게 드러낸다. 어니언은 '빵순이'의 성지이기도 하다. 인기 메뉴는 단연 팡도르. 성수점에 이어 2018년 미아점, 2019년 안국점을 열었다.

📍 서울시 성동구 아차산로9길 8
📍 성수역 인근 | 공장·창고형 | 카페
🏛 1964~1974 차례로 준공 | 2016.9. 개점

그해 성수에는 무슨 일이 있었나?

성수동의 새로운 공간들은 2010년대 초반 성수역 인근을 중심으로 나타났다. 대부분 공장과 창고를 개조한 형태였다. 2016년으로 접어들며 그 변화의 범위는 연무장길과 서울숲 일대까지 넓어졌다. 이른바 '성수동 힙플레이스 대폭발 시대'를 맞이한 것이다. 이 시기의 변모 양상은 이전보다 훨씬 다층적이고 다채롭다. 특히 서울숲 인근의 변화는 2013년 이후 사회적 기업이 성수동에 모여들며 가속화됐다. 소셜벤처산업의 성장과 함께 서울숲 골목 곳곳에 다양한 가치를 내세운 가게들이 줄지어 등장했다. 마리몬드라운지, 카페퍼슨비 등이 그 예다. 인더스트리얼 분위기의 카페와 레스토랑이 주를 이루던 성수동에 주택 리모델링 공간이 보이기 시작한 것도 이때부터다. 할머니의 레시피, 트와블루 개점 이후 서울숲 주택가에는 옛 벽돌집 구조를 간직하되 새 감각을 입힌 공간들이 하나의 트렌드로 자리 잡았다.

2017

그 시절 우리가 살았던 벽돌집
장미맨숀
ROSE MANSION

'맨숀'이라는 이름에서 세월의 켜가 느껴진다. 장미맨숀은 서울숲 인근에 밀집한 벽돌집 가운데 하나로, 이 일대 연립주택 리모델링 카페의 시작점이라 볼 수 있다. 금색 간판 아래로 주렁주렁 늘어진 담쟁이덩굴 모형이 싱그럽다. 예스러운 외관과 미로 같은 구조는 최대한 그대로 두고, 카페 내부는 갤러리처럼 꾸몄다. 장미시럽을 넣어 꽃향기를 살린 로즈에이드가 인기 메뉴. 1층의 독립된 공간에는 미용실이 입점해 있다. 2017년 7월에는 도보 4분 거리에 장미식탁도 개점했다.

◎ 서울시 성동구 서울숲2길 22-2
☆ 서울숲 인근 | 주택형 | 카페
▦ 1977 준공 | 2017.2. 개점

심폐 소생에 성공한 폐공장
어반소스
URBAN SOURCE

오래전 문 닫은 봉제공장을 개조한 복합문화공간이다. 어반소스는 공장 및 창고 리모델링이 주를 이룬 성수동의 변화에 한 축을 담당했다. 개점 초기 〈무한도전〉(MBC) 촬영지로 알려지면서 단숨에 '핫플'이 되었다. 30년 이상 방치된 공장은 다시 인파로 붐비며 활기를 되찾았다. 평소에는 레스토랑 겸 카페로 운영되며, 600평(1983.5㎡) 규모의 부지 덕분에 다양한 행사 장소로도 인기가 높다. 어반소스 옆에는 칵테일 바 어반스페이스(URBAN SPACE)도 있다.

◎ 서울시 성동구 연무장3길 9
☆ 연무장길 인근 | 공장형 | 복합 용도
▦ 1966 준공 | 2017.3. 개점

'욘사마'보다 커피 맛으로 기억될 카페
센터커피
CENTER COFFEE

서울숲의 윤곽을 따라 늘어선 주택들이 속속 카페로 바뀌고 있다. 센터커피는 그중에서도 1세대라 할 만하다. 배우 배용준이 기획·투자에 참여해 개점 전부터 화제를 모았다. 하지만 연예인 후광 효과에 기대지 않고 커피 퀄리티로 승부수를 띄웠다. 세계 무대에서 활동한 박상호 로스터가 커피의 맛과 향을 책임진다. 매장이 연결된 베이커리 아꼬떼뒤파르크(à côté du parc)에서 구매한 빵은 센터커피로 가져와 먹을 수 있다. 서울숲점의 성공을 바탕으로 삼성점과 명동점도 개점했다.

◎ 서울시 성동구 서울숲2길 28-11
☆ 서울숲 인근 | 주택형 | 카페
▦ 1992 준공 | 2017.3. 개점

줄 서는 빈티지 마켓의 등장
밀리언아카이브
MILLION ARCHIVE

매번 간판이 바뀌는 빈티지 의류 팝업 마켓. 스웨터, 원피스 등 한정 품목을 특정 기간에만 파는 방식으로 운영한다. 영업 날짜는 SNS로 공지하는데, 개점 당일에는 '보물찾기'에 나선 여성 고객들로 장사진을 이룬다. 2017년 1월 이태원에서 프로젝트 마켓 형태로 시작해 그해 5월 성수동에 매장을 열었다. 2018년 1월에는 제철공장이었던 현재의 공간으로 자리를 옮겼다. 밀리언아카이브는 빈티지 의류 판매뿐 아니라 여성 창작자를 위한 토요플리마켓도 정기적으로 개최하고 있다.

📍 서울시 성동구 성수이로26길 11
👤 성수역 인근 | 공장형 | 편집숍
🗓 1976 준공 | 2017.5. 개점

수영장에서 커피 한잔
앤아더
&other

'커피', '수영장', '웨딩'. 앤아더가 추구하는 세 가지 키워드다. 주택을 개조한 기존 서울숲 카페들과의 차별화 지점은 바로 건물 앞에 수영장이 마련되어 있다는 것이다. 이곳이 성수동 힙플레이스로 떠오른 것 역시 이 작은 풀장의 공이 크다. 2017년 여름, 개점과 동시에 '촬영하기 좋은 성수동 카페 겸 스튜디오'로 SNS에서 입소문이 나기 시작했다. 그 밖에 하우스웨딩, 돌잔치, 세미나 등 각종 모임과 행사를 위한 대관도 가능하다.

📍 서울시 성동구 서울숲2길 40-10
👤 서울숲 인근 | 주택형 | 복합 용도
🗓 1966 준공 | 2017.7. 개점

아주 특별한 문화 공장
에스팩토리
S FACTORY

1970년대에 지은 3,000평(9,917.3㎡) 규모의 섬유공장과 자동차공업소를 대대적으로 재단장한 복합문화공간이다. 에스팩토리에서 'S'는 이야기(Story)를 뜻하지만, 성수(Seongsu)를 의미하기도 하고 특별한(Special) 아이디어일 수도 있다. 이곳은 성수와 관련된 특별한 이야기를 기획하고 콘텐츠를 생산하는 문화 허브인 것이다. 정식으로 개점하기 전인 2016년부터 다채로운 형태의 전시, 공연, 페스티벌 등을 활발하게 진행해왔다.

📍 서울시 성동구 연무장15길 11
👤 성수역 인근 | 공장·창고형 | 복합 용도
🗓 1971 준공 | 2017.9. 개점

2017

재즈가 흐르는 밤의 아지트

포지티브제로라운지
positive zero lounge

성수동의 밤은 유난히 조용하다. 포지티브제로라운지는 그 고요를 재즈 리듬으로 깨운다. 2014년 복합문화공간 플레이스사이(PLACE SAI)를 성수동에 마련한 김시온 대표. 그는 그간의 노하우를 바탕으로 연무장길 지하 공간에 재즈 살롱을 열었다. 그럴듯한 간판도 없지만 이미 단골이 많다. 휴무일인 월요일을 제외한 매일 밤 공연이 이어진다. 크리에이티브 그룹 포지티브제로는 카페 포제(POZE)와 레스토랑 보이어(boyer)도 함께 운영 중이다.

📍 서울시 성동구 연무장길 14-2 지하 1층
📌 연무장길 인근 | 상가형 | 재즈 바
📅 1989 준공 | 2017.12. 개점

2018

초록 숲을 보며 마시는 초록 차

맛차차
MATCHACHA

2016년 복합문화공간 무드랩에서 출발한 맛차 전문 카페. 무드랩에서의 시범 운영을 거쳐 2018년 5월 현재의 자리에 개점했다. 서울숲을 마주한 '숲세권' 카페다. 통유리 앞에 바를 설치해 차 우리는 모습이 자연의 일부처럼 보이도록 연출했다. 섬세한 격불(擊拂, 고운 거품을 내는 과정)은 그 자체로 하나의 퍼포먼스처럼 느껴진다. 맛차차의 대표 메뉴는 맛차블랑. 제주산 유기농 맛차에 우유를 붓고 캐모마일 크림을 더한 음료다.

📍 서울시 성동구 서울숲2길 18-11
📌 서울숲 인근 | 주택형 | 복합 용도
📅 1994 준공 | 2016.12 무드랩, 2018.5. 맛차차 개점

공장 옆 나무집

우디집
Woody Zip

금속공장 옆 낡은 건물 2층에 자리한 커피집. '설마 여기가 카페?'라는 생각이 드는데, 바로 거기가 카페다. 길눈이 어둡다면 우디집 간판보다 '고려금속' 문패를 찾는 게 편하다. 일단 고려금속 마당으로 들어가 우측 건물 출입문을 찾으면 된다. 참고로, 우디집 입구에는 장롱 문짝이 설치되어 있다. 우디집은 '나무(woody) 하면 떠오르는 것들을 압축(zip)했다'는 뜻. 성수동 공장의 서늘함과 주택의 아늑함을 모두 느낄 수 있는 공간이다.

📍 서울시 성동구 둘레9길 17 2층
📌 이마트(본사) 인근 | 주택형 | 카페
📅 1964 준공 | 2018.6. 개점

2019

서울숲 골목에서 만난 작은 교토
이이알티
eert

이곳은 서울인가 교토인가. 트리(tree)를 거꾸로 표기하면 이이알티가 된다. 서울숲 인근 주택을 개조한 카페 중에서는 후발 주자지만, 대표 메뉴인 '박스'가 SNS에서 인기를 끌며 가개점 때부터 줄 서는 가게로 유명해졌다. 3단 나무 도시락에 일본식 코스 요리를 정갈하게 담아내는 것이 포인트. 카페 안에는 모래와 돌을 사용한 정원 '가레산스이(枯山水)'를 만들었다. 서울숲 조망이 가능한 위치는 아니지만, 내부를 정원처럼 꾸며 숲에 있는 듯한 기분이 든다.

◎ 서울시 성동구 서울숲2길 19-17
📍 서울숲 인근 | 주택형 | 카페
🗓 1990 준공 | 2018.8. 개점

연무장길의 뉴 아이콘
잭슨카멜레온
Jackson chameleon

연무장길에 새로운 아이콘이 생겼다. 가구 브랜드 잭슨카멜레온의 전시장이다. 전면이 유리라서 지나가는 이의 이목을 끌고, 앞쪽의 상가건물과 뒤쪽의 주택을 한 공간으로 연결했다. 잭슨카멜레온은 올해 1월 판교에서 성수로 전시장을 옮겼다. 브랜드 철학인 '새로운 조화(The New Balance)'에 성수동이 걸맞은 지역이기 때문이다. 1층은 카페 컨템포(contempo)로 운영 중이며, 이 공간은 시즌마다 가구 배치를 바꿀 계획이다. 1층부터 3층까지 이어진 전시장에는 주력상품인 모듈형 소파 외에도 다양한 디자인의 탁자, 의자 등이 전시되어 있다.

◎ 서울시 성동구 연무장길 7-1
📍 연무장길 인근 | 상가·주택형 | 복합 용도
🗓 1973 준공 | 2019.1. 개점

커피업계의 이슈 메이커
블루보틀커피
BLUE BOTTLE COFFEE

풍문으로 떠돌던 미국 커피 브랜드 블루보틀커피의 한국 상륙이 확정됐다. 일본에 이은 두 번째 해외 진출. 삼청동, 역삼동 등이 후보지로 물망에 올랐지만 1호점은 성수동으로 낙점됐다. 블루보틀커피코리아 측은 "성수동엔 서울의 어제와 내일이 공존하는 독특한 문화가 형성되어 있다"며 선정 이유를 밝혔다. 뚝섬역 1번 출구에서 도보 1분 거리인 블루보틀커피 성수점은 지하 1층, 지상 4층 규모다. 여기에는 카페를 비롯해 로스터리, 바리스타 교육 시설까지 갖추었다. 건물 외관 타일은 성수동의 상징인 붉은벽돌로 교체했다.

◎ 서울시 성동구 아차산로 7
📍 뚝섬역 인근 | 상가형 | 카페
🗓 1985 준공 | 2019.5. 개점

The Pioneer

김재원(스튜디오 ZgMc 대표)

태초에 '자그마치'가 있었다. 적막했던 준공업지역의 한 인쇄공장을 개조해 문을 연 카페는 다소간의 의구심 어린 시선을 받았지만, 완성도 높은 인테리어와 큐레이션 콘텐츠를 통해 세간의 의문 부호를 느낌표로 바꿔냈다. 얼마 지나지 않아 성수동은 기계음과 텁텁한 냄새가 가득한 동네에서 웃음소리와 커피 향이 가득한 동네로 변모했다. 이후에도 '오르에르'와 'W×D×H' 등 감각적인 공간을 연이어 선보인 스튜디오 ZgMc의 행보는 그 자체로 '성수동의 개척자'라 불리기에 손색이 없다.

글 강필호

성수동에서 다양한 공간을 선보이며 활동해왔다. 처음 이 지역을 주목할 당시 동네는 어떤 모습이었나.

디자이너들이 재료를 구매하거나 공장을 방문하기 위해 성수동을 종종 찾는다는 점이 먼저 눈에 들어왔다. 하지만 근처에 잠시 머무를 만한 공간이 없어 그들은 용무만 보고 동네를 빠져나가곤 했다. 그러나 나는 이곳에서 나름의 가능성을 엿봤다. 문화공간의 잠재적 수요층인 디자이너들이 성수동을 빈번하게 드나든다는 사실, 그리고 동선 주변에 매력적인 공간이 있다면 기꺼이 그곳을 방문할 용의가 있다는 점이 모두 고무적이었다.

건축적 특색 역시 매력적이었다. 당시 성수동에는 '지식산업센터'와 같은 고층 빌딩이 드물었다. 낮은 건물들이 넓은 구역에 걸쳐 퍼져 있는 동네였고, 그중 공장 건물을 구성하는 붉은벽돌이나 큰 철문 특유의 질감과 느낌이 좋았다. 그런 지역색을 유지하면서 좋은 공간을 만들어낸다면 이 동네를 더욱더 매력적인 방향으로 가꿀 수 있을 거라 생각했다.

그 무렵 성수동에서 자그마치는 디자인, 콘텐츠적으로 유일무이한 공간이었다. 기획과 공간 구성에서 중점을 둔 부분이 있다면.

대외적으로는 카페로 알려졌지만, 나와 동료들은 문화와 디자인을 선보이는 공간으로 자그마치를 기획했다. 그때는 사업 경험이 전무해서 수익에 대한 개념이 없었다. 그저 디자이너들이 이야기를 나눌 수 있고, 가끔 강연 등의 이벤트를 진행하는 공간이면 족하다는 생각이었다. 자그마치가 위치한 건물에는 원래 인쇄소가 있었다. 예전에는 1층과 2층 모두 인쇄 설비를 갖춘 공장이었다는데, 그래서인지 천장을 보면 하중을 견디기 위한 'H빔'이 설치되어 있다. 그런 모습 역시 신축 건물이나 여느 유명 카페에서 쉽게 만나기 어려운 요소이므로, 인테리어 과정에서 그대로 살리기 위해 노력했다. 이 외에도 인쇄공장이 버리고 간 도면함을 소품으로 활용하는 등 지역과 건축물의 특성을 고려해 기획하고 운영해왔다.

옛 인쇄공장 건물을 재생한 자그마치

플리마켓이나 강연 등의 팝업 이벤트를 꾸준히 개최해왔다. 이벤트는 공간 운영 과정에서 어떤 역할을 수행하나.

예전에는 놀러 가고 싶은 동네 후보군이 홍대, 이태원, 강남 정도에 그쳤다. 지금은 망원동, 을지로 등 지역 콘텐츠를 발판 삼아 새롭게 주목받는 동네가 많아졌다. 그리고 그런 동네를 중심으로 흥미로운 공간이 쏟아지고 있다. 이와 같은 추세에 더해 SNS에서 이미지를 통해 공간을 소비하는 경향이 확대되면서 공간의 수명이 예전보다 급격하게 줄어들고 있다. 심지어 요즘은 SNS에서 수많은 공간 관련 정보를 접하다 보니 실제 방문한 적도 없는 곳을 가봤다고 착각하는 지경에 이르렀다. SNS가 오프라인상의 활동을 강하게 좌우하는 시대를 사는 사람들은 특정 장소를 한 번 방문한 이후 재방문할 이유를 찾지 못하는 경향이 있다. 그러니 강연이나 팝업 이벤트 등 사람들을 움직일 만한 콘텐츠가 없다면 공간의 지속성을 확보하기 어렵다.

힙플레이스 타임라인

뒤이어 오르에르를 선보였다. 새로운 공간을 준비하게 된 계기는 무엇인가.

사실 자그마치를 운영하면서 조금 외롭다는 생각이 들었다. 주변 공장 사장님들과 친하게 지낸다고 할지라도 인사를 주고받는 정도였지 활발히 교류하긴 어려웠기 때문이다. 그래서 소위 '뜨는 동네'에서 장사하던 지인들에게 농담 반 진담 반으로 성수동으로 오라는 이야기를 건네곤 했다. 뜬금없는 얘기는 아니었던 게 당시 성수동의 평균 임대료는 핫플레이스가 밀집한 다른 동네의 절반 수준이었다. 그런데 미처 생각하지 못했던 요소가 있었다. 바로 공간의 기본 임대 면적 단위였다. 자그마치가 있는 성수이로 주변 대다수 건물의 임대 단위는 100평 이상이다. 공장이 많기 때문에 필지 구획 규모가 다른 동네에 비해 크다. 따라서 성수동에 흥미가 있더라도 큰 규모의 공간을 임대해야만 하는 상황이 부담스러울 수밖에 없었다. 상황이 이렇다 보니 주변에 다양한 콘텐츠 공간이 생겨나기 어려웠고, 그렇다면 이 지역에서는 자영업자들이 모여 재밌는 콘텐츠를 만들 수 없는 것일까 고민하게 되었다. 바로 그때 눈에 들어온 곳이 연무장길이었는데, 10평 단위로 부동산 매매가 이뤄진다는 점이 매력적이었다. 한편 자그마치를 운영하며 느낀 물리적 한계를 극복하고 싶은 마음도 있었다. 단일 공간으로 구성된 자그마치에서 강연이나 이벤트를 진행할 때면 카페 영업을 쉬어야만 했고, 카페 방문을 염두에 두고 공간을 찾은 손님이 헛걸음하는 경우가 생겼다. 만약 주변에 대안이 될 만한 공간이 많았다면 모르겠지만 그렇지 않다 보니 평가가 좋지 않았다. 이런 한계를 절감할 때마다 이후에는 세부적으로 분할된 공간을 구해서 개별 공간이 서로 다른 시간과 방식으로 운영되어도 문제가 없으면 좋겠다고 생각했다.

오르에르가 위치한 건물은 전면과 후면, 층별 구조가 모두 다르다는 점이 인상적이다.

어떤 매체에서는 "가정집을 개조했다"고 이야기하던데, 결론부터 얘기하면 잘못된 표현이다. 전면부의 상가건물과 후면부에 있는 가정집을 터서 하나의 공간으로 재구성한 것이다. 그 덕분에 앞모습과 뒷모습이 다른 독특한 형태가 완성되었다.
원래 이 건물에는 총 아홉 세대가 입주해 있었다. 1층 전면부에는 가죽을 취급하는 세 가게가 입주해 있었고, 후면부에는 원룸 두 개가 있었다. 2층 전면부에는 구두공장 두 곳, 지하에는 부품 깎는 정밀공장이 있었다. 3층은 건물주가 거주하던 가정집이었다. 그랬던 건물을 하나로 아울러 새로운 공간으로 기획하면서 기존의 특성은 살리고 각각의 구역에 다양한 콘셉트와 콘텐츠를 입혔다.
이와 같은 복합적인 콘셉트와 구조는 상호에도 반영되어 있다. 오르에르란 명칭은 무언가를 하는 사람이란 뜻을 지닌 영어 접미사

'-or'과 '-er'를 합쳐서 만든 것으로, 서로 다른 일을 하는 사람들이 두루 모일 수 있는 공간이 되겠다는 포부를 담았다. 다시 말해 오르에르의 복합적인 공간 구성은 그 자체로 형태와 디자인의 다양성을 상징한다.

공간 특성상 오르에르의 인테리어 방식은 자그마치와 달랐을 것 같다.

건물 전면부와 후면부의 상반되는 구조와 느낌에 주목해 서로 다른 인테리어 요소를 적용했다. 예를 들어, 건물 전면부 창에는 철제 창틀을 사용했지만, 후면부에는 목제 창틀을 설치했다. '의도적으로 상반되는 자재를 활용해 서로 다른 전후면의 디테일을 살렸다. 이런 콘셉트의 연장선에서 1층의 전면부는 무난하고 덤덤한 스타일인 반면 정원과 맞닿은 후면부는 빈티지한 느낌의 꽃무늬 패턴 벽지를 붙이는 등 전원의 느낌을 살리기 위해 노력했다.

상가건물의 형태를 취하고 있는 오르에르 전면부 가정집의 형태를 보이는 오르에르 후면부

다음으로는 층별 콘텐츠에 관해서 이야기해보자. 3층 '오르에르 아카이브'는 무언가를 판매하는 상점보다 일종의 컬렉션에 가깝다는 인상을 준다.

원래 3층은 스튜디오 ZgMc 사무실로 활용하던 공간이다. 1970~1980년대 한국 양옥의 형태를 취한 공간인데, 서양적 라이프스타일이 도입되면서 그런 주택의 상당수가 사라졌다. 그런데 나는 그와 같은 주택 양식이 매우 훌륭하다고 생각한다. 왜냐면 한국 주택의 원형적인 모습을 담고 있을 뿐 아니라 젊은 친구들에게는 예스러운 멋을 뽐내는 공간으로 느껴지기 때문이다.

1 / 힙플레이스 타임라인

그래서 3층을 '경험을 제공할 수 있는 공간'으로 꾸미는 게 좋겠다고 판단했다. 이러한 공간은 추억을 소환하도록 유도하거나 한국 주택의 멋을 재인식하도록 하는 곳이기 때문이다. 그런 관점에서 공간에 들어섰을 때 경험하는 향, 인테리어, 음악 등을 세심하게 연출한 공간이 바로 오르에르 아카이브다.

2층 '포인트 오브 뷰'는 문구류부터 오브제까지 두루 선보이는 편집숍이다. 디지털시대에 문구류가 큰 호응을 받는 이유는 무엇일까.

범람하는 정보에 많은 이가 지쳐 있기 때문 아닐까. 디지털시대에는 실제 경험한 것이 아니어도 온라인에서 접하고 나면 마치 직접 경험한 것처럼 여기게 된다. 그러나 이는 온전한 경험이 아니다. 그러다 보니 개개인이 지닌 정보의 깊이에 격차가 벌어지는 것 같다. 그래서 직접적인 경험에 목말라하고, '손으로 쓰는 행위'에 매력을 느끼게 된 것이라고 생각한다.

'포인트 오브 뷰', '오르에르 아카이브', 'W×D×H'는 큐레이션과 판매가 함께 이뤄진다는 공통점이 있다. 하지만 취급 품목이 다른 것은 물론이고 운영 방식과 콘셉트도 다른 관점을 지녔다는 생각이 들었다.

포인트 오브 뷰와 W×D×H는 비슷한 맥락의 공간이고, 오르에르 아카이브는 다른 관점에서 운영하는 공간이다. 우선 포인트 오브 뷰와 W×D×H는 일상적인 오브제나 물품을 판매하는 상점이다. '일상적으로 노트나 칫솔을 사용한다면 이렇게 좋은 물품을 사용해보는 게 어때?'라고 제안하는 개념인데, 그와 달리 오르에르 아카이브에는 일상생활에 필수적이지 않은 소품이 진열되어 있다. 공간적 경험에 초점을 맞춰 기획하고 만든 공간이기 때문이다.

오르에르 아카이브는 경험을 제공하는 공간을 표방한다

다시 성수동의 이야기로 돌아가 보자. 여러 공간을 기획·운영해온 관점에서 성수동은 어떤 동네인가.

다른 동네의 경우 젊은 상인이나 디자이너가 자리 잡았을 때 굉장히 빠른 속도로 젠트리피케이션이 전개됐지만, 이 동네는 공장 운영주가 건물주인 경우가 많아 점진적으로 변화가 이뤄지고 있다. 개인적으로는 정말 다행이라고 생각한다. 오르에르 맞은편에는 오토바이 판매점이 있고, 왼쪽에는 미용실, 오른쪽에는 노래방이 있다. 촌스럽다고 여길 만한 곳들이 공간을 에워싼 모양새인데, 처음에는 그런 곳들이 주변에 있는 게 싫었다. 그런데 막상 공간을 운영하니 방문객들이 미용실

간판 절반, 오르에르 외벽 절반을 구도 삼아 사진을 찍기 시작했다. 그 모습을 보면서 사람들이 예스러운 요소와 세련된 요소가 공존하는 모습 자체를 성수동의 매력으로 여긴다는 것을 체감할 수 있었다. 이 동네는 준공업지역의 거칠고도 육중한 질감, 20세기의 향수를 머금은 건축물과 간판, 세련된 감성의 문화공간이 모두 공존하는 곳이다.

비교적 근래에 디렉팅한 W×D×H 역시 연무장길에 자리 잡았다. 성수동 안에서도 특히 연무장길에 주목한 이유가 있을 것 같다.

성수일로와 만나는 초입부터 동일로까지 연무장길의 총 길이는 신사동 가로수길과 거의 일치한다. 그런데 가로수길에 비해 연무장길은 유독 길게 느껴졌다. 가로수길 주변에는 구경거리가 많아 멀다는 느낌을 받을 틈이 없었던 반면, 옛 연무장길 주변에는 눈을 둘 만한 문화공간이 없어 아득해 보였던 것이다. 하지만 앞서 소개한 임대 규모의 장점, 서울숲과 가깝다는 입지적 장점 등을 고려하면 문화공간이 집적될수록 연무장길이 매력을 가질 것이라고 생각했다.

만약 이 거리가 부품 제조업에 특화된 곳이었다면 방문객이 관심을 두기 어려웠을 것이다. 그러나 연무장길에는 가죽이나 수제화 관련 업체가 자리 잡아 대중도 어렵지 않게 터줏대감 공간들을 드나들 수 있다. 그래서 우리가 선보이는 편집숍이나 카페가 조화롭게 정착하면 선순환을 이룰 수 있겠다고 판단했다. 실제로 최근에는 구두공장을 운영하시는 분들이 1층에 쇼룸을 만들어 방문객과 소통하는 경우가 늘고 있다.

결론적으로 전통적인 요소와 새로운 요소가 공존하며 지역을 더욱 매력적으로 만들어가면 좋겠다. 수제화거리에 새로운 공간이 들어서서 젠트리피케이션을 유발하고, 기존의 산업 요소가 전부 사라지는 상황은 원치 않는다. 대신 연무장길 주변 건물의 2층과 3층에서는 기존과 마찬가지로 수제화 관련 공장이 활발하게 영업하고, 1층이나 지하에는 해당 업체의 쇼룸이나 디자인 공간, 카페 등이 들어서서 특색을 유지하면서도 점진적으로 변화를 이뤄가길 바란다. 그 결과 방문객이 늘어난다면 서로에게 좋지 않겠나. 연무장길은 그런 건강한 변화의 가능성이 엿보이는 곳이기 때문에 흥미롭다.

포인트 오브 뷰는 다채로운 문구류를 선보이는 편집숍이다

도시변태

성수동과
브루클린,
두 도시 이야기

글 박천휴(뮤지컬 극작가·작사가)

서울에서 작사가로 활동하다 현대미술을 공부하러 뉴욕에 갔다. 뉴욕대학교 재학 시절 만난 친구이자 동료인 작곡가 윌 애런슨과 함께 뮤지컬 <번지점프를 하다>, <어쩌면 해피엔딩>을 성공적으로 무대에 올렸다. 지난해 말, 일제 강점기 경성이 배경인 창작 뮤지컬 <일 테노레> 공개 리딩을 선보였다. 앞으로도 뉴욕과 서울을 오가며 다양한 형태의 작업을 이어갈 예정이다.

집에서 두 블록 떨어진 곳에 아담한 레스토랑이 하나 있다. 파이브 리브스(FIVE LEAVES)라는 이름의 이 레스토랑은, 그린포인트(Greenpoint)의 조용한 주택가가 시작되는 길목과 그 반대편으로 맥캐런공원(McCarren Park)을 마주한 곳에 자리 잡고 있다. 배우 히스 레저가 이 레스토랑의 공동 창업주 중 한 명이며(그는 결국 이 레스토랑이 개점하기 전에 사망했다), 내가 이 동네로 이사 온 9년 전에는 이 근처에서 거의 유일하게 근사한 브런치나 팬시한 칵테일을 한잔할 수 있는 분위기 좋은 곳이었다. 그건 다시 말해 이 레스토랑의 메뉴 가격이 근처 다른 곳들에 비해 훨씬 비싸다는 뜻이기도 했다. 당시 최저임금만 받으며 인턴십으로 연명하던 나에게 파이브 리브스에서의 근사한 한 끼는 특별한 날에만 스스로 선사한 사치였다. 날씨가 유독 좋았던 어느 봄날, 그때 내가 사랑하던 사람과 함께 파이브 리브스의 야외 테이블에 앉아 책을 읽으며 느긋하게 즐긴 두툼한 리코타 팬케이크는, 나에게 있어 20대 후반 가장 사랑스러운 기억 중 하나다.

© Paulo Silva

© John Gillespie

뉴욕의 붉은벽돌 건물(왼쪽)과 파이브 리브스(오른쪽)

성수동과 브루클린, 두 도시 이야기

성수동의 공장 앞을 지날 때면 잊고 지내던 어린 시절 기억이 떠오른다

얼마 전 성수동에서 한 달 동안 지낼 일이 있었다. 내가 작업 중인 새 뮤지컬의 개발을 지원하는 우란문화재단 신사옥이 그곳에 있기 때문이다. 공연 준비는 결국 체력의 한계를 시험할 정도로 바빠지고야 마는 일이기 때문에 모처럼 내 고향 서울에 왔으면서도 성수동 바깥으로 벗어나기란 쉽지 않았다. 그래도 성수동의 명성이 이미 몇 해 전부터 인스타그램을 타고 바다 건너 브루클린에 사는 나에게까지 전달됐기 때문에 성수동에 고립되는 게 그리 불평할 일만은 아니었다는 생각이 든다. 화양 사거리에 위치한 숙소에서 극장까지는 도보 20분 거리였는데, 매일 아침 숙소에서 나와 극장까지 가는 동안 본 풍경(성수동에 유난히 많은 자동차 쇼룸들, 안에서 뭐가 만들어지는지 밖에서는 가늠하기 힘든 공장들, 아직 오늘의 영업을 시작하지 않은 힙한 카페들)은 마치 이 트렌디한 동네의 민얼굴을 보는 것 같아 그 나름대로 좋았다. 그리고 얼마 지나지 않아 그 특유의 분위기가 결국 성수동의 매력임을 알게 되었다. 밀폐된 극장에서 지내다 보니 기회가 생길 때마다 더 필사적으로 바깥에 나가 햇볕을 쬐었다. 소바식당에서 한우양지온면으로 점심을 먹고, 자그마치(zagmachi)에서 얼그레이를 마시고, 하릴없이 에스팩토리(S FACTORY) 앞을 지나며 안에서 무언가 재밌는 일이 벌어지고 있는지 궁금해하고, 내 작업 파트너인 윌 애런슨 작곡가와 함께 뚝도시장을 지나 한강까지 걸으며 새 공연 이야기를 했다.

이 레스토랑이 위치한 곳은 지난 20여 년 동안 브루클린에서 가장 핫한 동네가 된 윌리엄스버그(Williamsburg)와 그린포인트의 경계다. 이 두 동네는 뉴욕시의 중심인 맨해튼에서 강을 건너 브루클린에 오면 가장 먼저 마주하는 곳이자, 이제 우리에게도 친숙한 단어가 된 '젠트리피케이션'을 가장 격렬하게 겪은 곳이기도 하다. 전통적으로 저소득층 노동이민자 비율이 높았던 두 동네는, 2000년에 평균 857달러였던 월세가 2014년에는 1,591달러로 78.7% 상승했을 정도의 급격한 변화를 겪었다. 같은 기간의 뉴욕시 전체 월세 상승률이 22.1%였음을 고려하면 이 동네에 불어닥친 젠트리피케이션의 강도를 가늠할 수 있다. 내가 이 동네로 이사한 2009년에도 젠트리피케이션은 한창 진행 중이었다. 하지만 옷장만 한 크기의 맨해튼 아파트를 전전하다가 브루클린으로 오니 같은 월세로 훨씬 넓은 공간을, 그것도 룸메이트 없이 혼자(!) 차지할 수 있었다. 나로서는 초기의 홍대·상수 지역을 떠올리게 하는, 주류에서 한 발짝 떨어진 듯한 문화적 분위기도 매력적이었다. 나와 별반 다르지 않은 이유로, 최소한의 비용으로 확보 가능한 대안적 커뮤니티를 찾아 이 동네로 모여든 저소득층 젊은 세대와 예술가들이 이제는 전 세계적 트렌드가 된 브루클린 스타일과 힙스터 문화, 그리고 젠트리피케이션의 시작점이었다는 건 잘 알려진 사실이다.

사실 성수동과의 인연이 처음은 아니다. 여섯 살 무렵까지 아버지가 성수동에 위치한 공장에서 일하셨는데, 철야 작업을 하실 때면 야식을 들고 엄마와 함께 공장에 가 커다란 장비를 놀이기구인 양 올라타고는 신나 했던 기억이 있다. 그 공장에서 나던, 석유와 철이 섞인 비릿하고 매캐한 냄새를 이번에 성수동에서 지내는 동안 어느 공장 앞을 지나다 다시 마주치곤 했다. 그때는, 마르셀 프루스트가 『잃어버린 시간을 찾아서』에서 묘사했듯 후각을 통해 어린 날의 기억을 환기하며 강력한 노스탤지어를 느낄 정도였다. 물론 아버지의 공장이 어디였는지 난 정확히 기억할 수 없고, 설령 기억한다 해도 그 건물은 지금쯤 트렌드의 가장 앞 열에 선 세련된 공간으로 변신했을 테지만.

이처럼 성수동에 자리 잡고 있던 공장들이 대안적인 상업예술공간이나 새로운 트렌드를 선도하는 숍으로 탈바꿈한 건, 사실 브루클린이 20여 년 정도 먼저 걸어온 여정이다. 그린포인트에 있는 펜슬 팩토리(Pencil Factory)는 이름 그대로 연필 생산을 위해 파버-카스텔(FABER-CASTELL)사가 1924년에 지은 대규모 공장이다. 1956년에 더 외곽으로 공장을 이전했고, 반세기가 흐른 지금은 뉴욕 디자인 신을 이끄는 젊은 디자이너들의 스튜디오, 소규모 문화·예술 관련 회사들의 사무실, 아티스트들의 작업실과 갤러리 등이 빼곡히 들어찼다. 말하자면 '브루클린 라이프스타일'을 선도하는 사람들의 공간이 된 것이다. 펜슬 팩토리에서 윌리엄스버그 방향으로 10분 정도 걸으면, 지금 내가 이 글을 쓰고 있는 A/D/O가 나오는데, 이곳 또한 오래된 창고 건물을 문화공간으로 탈바꿈시킨 사례다.

성수동과 브루클린, 두 도시 이야기

덤보(Dumbo)에서 바라본 맨해튼 브리지

자동차 회사 미니(MINI)가 브랜드 사업의 일환으로 만든 이 공간은, 주로 브루클린을 거점으로 활동하는 디자이너들을 선별해 레지던시 프로그램을 운영하고 있다. 그들에게 작업 공간을 제공하고, 그 결과물을 포함한 전시회와 워크숍이 이곳에서 주기적으로 열린다. 자비롭게도 이 넓은 공간의 다른 절반에는 누구나 와서 일할 수 있도록 넓은 테이블을 마련해두었다. 지금 나처럼 노트북을 노려보며 저마다 무언가를 만들어내려 애쓰는 이 동네 프리랜서들이 주로 모이는 곳이다. 또한 한쪽에는 디자인숍도 자리 잡고 있다. 영향력 있는 온라인 매거진 〈사이트 언신(Sight Unseen)〉과 파트너를 맺어 현재 가장 주목할 만한 디자인, 도서, 라이프스타일 아이템 등을 큐레이팅해 판매한다. A/D/O 주변은 예전부터 빵 제조업을 비롯한 많은 공장과 창고가 자리 잡은 지역이라 이곳을 거닐다 보면 아직도 꽤 많은 공장에서 분주히 일하는 사람들을 볼 수 있다.

붉은벽돌 건물이 즐비한 성수동 거리 풍경

도시변태

내가 처음 이 동네로 온 10여 년 전과 비교하면 그 숫자가 현저히 줄었지만, 여전히 인더스트리얼한 분위기야말로, 화려한 고층 빌딩들이 빼곡한 강 건너 맨해튼과 여기 이 날것 같은 브루클린을 구분하는 점이다. 지나치게 함축하면 그저 '힙스터'로 불리고 마는 브루클린 문화의 대부분은, 말하자면 저 맨해튼의 빌딩들처럼 이미 너무 화려하고 높게 쌓인 주류 예술과 문화 신에 침투할 수 없는 (혹은 그러기 싫은) 젊고 가난한 사람들로부터 만들어진 것이다. 맨해튼의 첼시(Chelsea)나 소호(Soho)가 앞서 그랬던 것처럼 원래는 높은 범죄율과 마약 중독자를 염려해야 했던 동네가, 이제는 뉴욕시 내에서도 가장 비싸고 트렌디한 곳으로 바뀐 것이다. 그 배경에는 대안 공간을 찾아 나름의 위험을 감수하며 이 험한 동네로 온 사람들이 있다. 이 길을 개척한 사람들이 끌어안아야 했던 위험 부담을 누군가는 젊음과 예술의 낭만이라 느끼기도 할 것이다. 하지만 이건 사실 무척이나 귀찮고 피곤한 일이다. 처음 펜슬 팩토리 건물이 그랬듯, 낡은 창고와 공장을 개조한 브루클린의 많은 작업실에는 지금도 쥐와 바퀴벌레, 부족한 냉난방 시설 등을 참아내며 조금이라도 더 재미있고 개성 있는 무언가를 만들어내려 애쓰는 사람들이 있다. 그리고 이들의 창의성은 그 시대와 세대의 감수성에 지대한 영향을 미친다. 우리가 단순하게 '유행'이라 부르는 것들은 대부분 그 창의적 감수성에서 촉발된다.

브루클린의 젠트리피케이션은 윌리엄스버그와 그린포인트를 거쳐 이미 오래전에 브루클린의 더 안쪽 동네인 부시윅(Bushwick)으로 향했다. 더 이상 비싸질 수 없을 정도로 월세가 오른 홍대 앞을, 가로수길을, 이태원을 피해 성수동에 새롭게 자리했던 공간들처럼 말이다. 원래 부시윅은 남미계 노동이민자가 대다수인 동네였다. 맨해튼의 살인적인 월세를 피해 부시윅의 춥고 허름한 창고 건물로 모여든 이들 중 누군가는 보수적인 갤러리 문화를 비튼 캐주얼한 전시 공간(마이크로스코프 갤러리, 클리어링 등)을 열거나, 땅값 비싼 맨해튼에서라면 가질 수 없는 뒷마당에서 직접 재배한 재료로 피자(로베르타 피자)를 만들며 부시윅을 힙한 동네로 바꿔놓았다. 그러나 자본주의의 논리에 따라 이 동네에도 곧 새로 지은 근사한 아파트들이 들어서고, 염치없이 비싼 가격의 상점들이 생겨났다. 젠트리피케이션의 명암을 논하는 건 세상 대부분의 일이 그렇듯 쉽게 결론을 내리기 힘든 복잡한 문제다. 하지만 브루클린과 성수동이 공통되게 겪고 있는 변화와 그에 따른 진통은 조금만 들여다봐도 거의 흡사함을 알 수 있다. 누군가는 이 대안의 공간을 문화적으로 새롭게 가꿔나가고, 누군가는 이 동네를 상품으로 흥미롭게 소비하고, 누군가는 그로 인해 보금자리에서 밀려나며, 누군가는 그것을 악용해 점점 이 공간을 망칠 것이다. 우리가 이 중 어디에 속하든 꼭 기억해야 할 것은 이 동네들이 저마다의 역사와 철학을 바탕으로 형성되었다는 점이다. 그리고 그건 우리가 인스타그램에 셀카와 함께 올리는 '#핫플레이스', '#핵인싸' 정도의 유행어로는 오롯이 담아낼 수 없는 시간과 문화의 축적이다.

이 원고를 완성하면 스스로 축하하는 의미로
오랜만에 근사한 곳에서 저녁을 먹을까 생각 중이다.
파이브 리브스에 갈 수도 있겠지만, 평일 오전에도
관광객이 길게 줄을 서는 그곳은 안타깝게도
더는 내 '페이보릿'이 아니다. 단지 관광객이 많이
방문해서라기보다 진짜 문제는 예전에 비해 너무나
평이해진 음식 맛이고, 제대로 관리가 안 되어
보이는 직원들의 서비스이며, 처음처럼 세심한
애정이 느껴지지 않는 공간과 분위기다. 그리고
이 동네에는 진심 어린 정성이 더 느껴지는 다른
곳들도 생겼다. 예전과 비교할 수 없을 정도로 비싼
월세에도 불구하고 계속해서 새로운 가게들이
생겨나고 있다. 다행스러운 건 자신만의 진심이나
철학이 엿보이지 않는 가게들은 이 동네에서 길게
살아남지 못하고 곧 문을 닫는다는 것이다. 그리고
그건 저 멀리 바다 건너 성수동에서도 마찬가지일
거라 믿는다. 브루클린을, 그리고 성수동을 특별한
곳으로 만드는 건 얄팍한 기회주의가 몰려들어
올려놓는 비싼 월세가 아니다. 결국 그 특별함은
자본주의 시장의 험난한 논리 속에서도 진심 어린
애정으로 이 동네라는 공간을, 그리고 이곳에서의
삶을 최대한 근사하게 만들려 애쓰는 저마다의
애틋한 철학이다.

'브루클린 라이프스타일'을 선도하는 사람들의 공간인 펜슬 팩토리

브루클린처럼 성수동 곳곳에서도 개성 넘치는 그래피티를 발견할 수 있다

우디집

맛차차

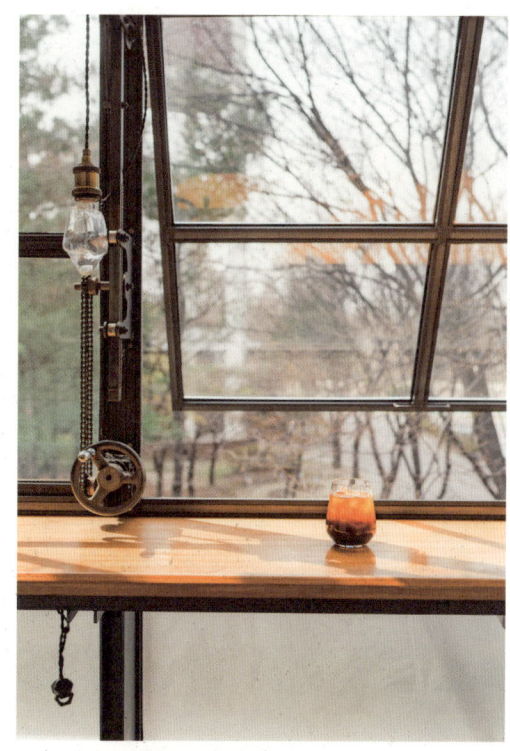

센터커피

어메이징브루잉컴퍼니

수피

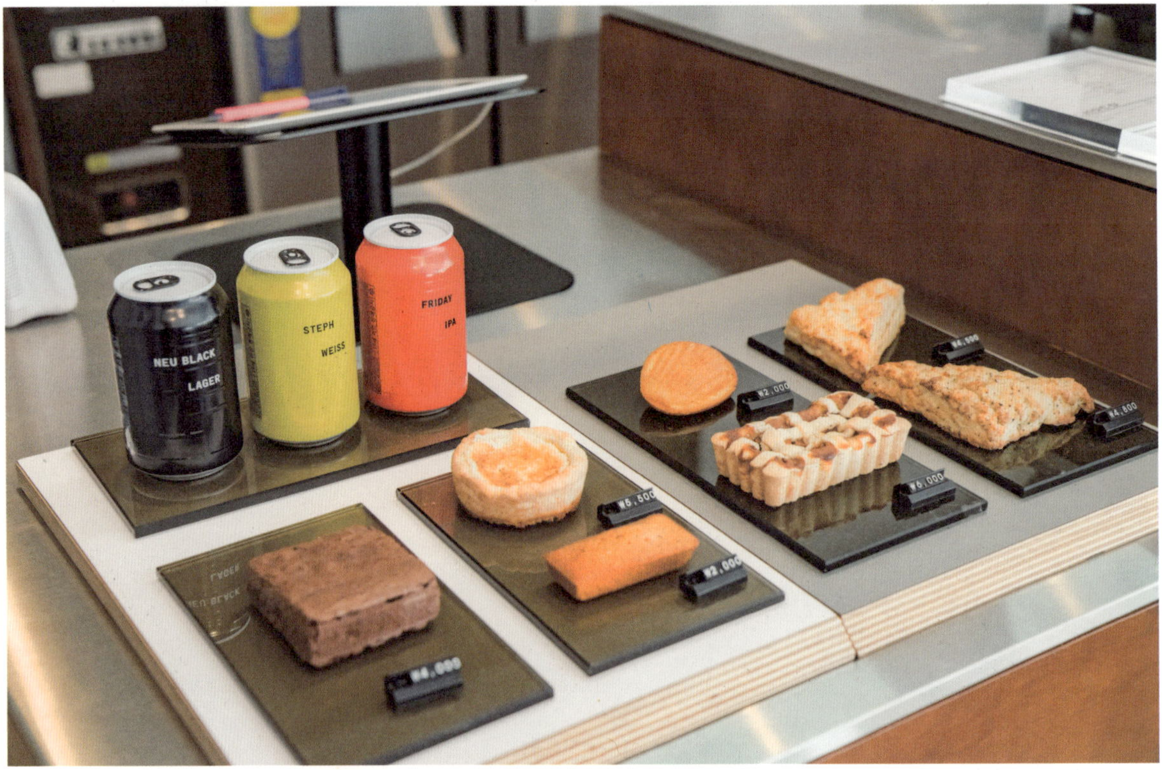
NEU BLACK
LAGER
STEPH
WEISS
FRIDAY
IPA
₩4,000
₩5,500
₩2,000
₩2,000
₩6,000
₩4,500

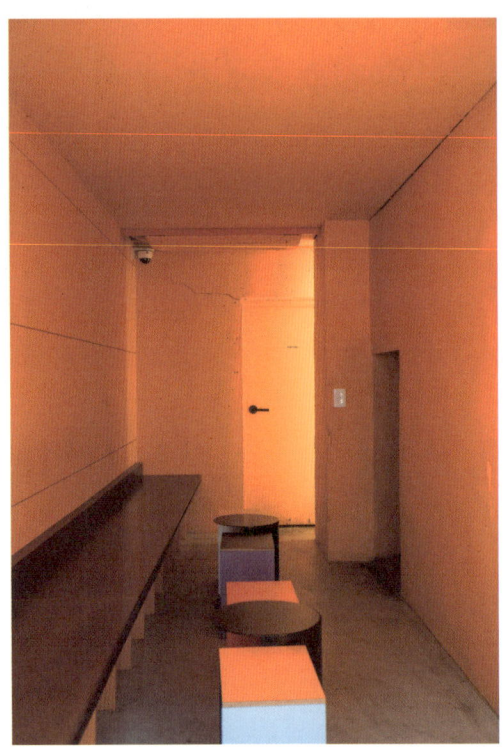

카페 포제

W×D×H

2

붉은색과 회색

두 가지 색 이야기

성수동에는 오래된 공장뿐 아니라 빌라나 단독주택까지 유독 붉은벽돌 건물이 많다. 이들을 자세히 살펴보면 짧게는 10~20년, 길게는 40~50년의 시간을 품고 있는 것을 발견할 수 있다. 이 동네에는 왜 붉은벽돌 건물이 많을까? 성수동을 채운 두 가지 색을 통해 그 이유를 살펴보자.

글 심영규

근대성의 상징, 붉은벽돌

2018년 1월 서울시와 성동구는 서울숲 북쪽 일대를 '붉은벽돌 마을' 시범 사업지로 선정한 뒤 붉은벽돌 건축물 보전을 위해 보조금을 지원한다고 밝혔다. 이 일대는 붉은벽돌로 된 건물의 비중이 68%나 되는 지역으로 신축, 증축, 리모델링 시 1,000만~2,000만 원 정도 공사비를 지원받을 수 있다. 또한 10.8~36%까지 완화된 용적률을 적용받는다. 이렇게 붉은벽돌이라는 경관을 주제로 실시된 '마을가꾸기 사업'은 국내 최초다. 최근 한창 공사 중인 블루보틀커피 1호점 역시 지상 4층 규모의 낡은 타일 건물을 붉은벽돌로 외장재를 바꿔 리모델링 후 개점을 한 뒤 인산인해를 이루고 있다.

왜 유독 성수동에는 붉은벽돌 건물이 많을까? 먼저 친숙한 건축 재료인 벽돌에 대해 살펴볼 필요가 있다. 일제 강점기 때 근대건축이 들어오면서 벽돌은 우리 생활에 본격적으로 등장한다. 당시 '신재료'였던 벽돌은 '근대성'의 상징이었다. 광복 후 전란으로 폐허가 된 서울을 신속하게 복구하는 데도 벽돌만큼 쉽게 구할 수 있는 것이 없었다. 1970년대 소규모 주택을 공급한 '집장사'들이 만든 '불란서 2층 양옥집'이 유행한 이후로, '집' 하면 자연스레 붉은벽돌집을 떠올릴 정도로 대중화됐다.

저렴하고 생산성 높고 튼튼한 벽돌이 큰 공간이 필요한 성수동의 공장과 빌라 등에 사용된 것은 당연한 일이다

이런 흐름에는 벽돌 자체의 장점이 한몫했다. 산업화가 급속하게 진행되면서 많은 사람이 지방에서 서울로 이주했는데, 진입하기 힘든 좁고 비탈진 길에도 별다른 장비 없이 시공 가능할 뿐 아니라 공사 인건비가 저렴하다는 이유로 벽돌이 널리 쓰이게 되었다. 제작 기술 발달에 따라 벽돌 공급이 크게 증가한 것도 한몫했다. 재래식 단가마는 말린 벽돌을 가마에 넣은 후 3~4일 동안 굽고, 일주일간 식힌 후 꺼내는 방식으로 소량 생산만 가능했다. 그러나 하나의 굴뚝에 여러 개의 구멍을 연결해 불을 끄지 않은 채 각 구멍의 입구만 여닫으며 구워내는 터널식 가마가 등장하면서 벽돌 생산량이 급증했다. 과거엔 벽돌이 운반 과정에서 쉽게 파손되어 생산지와 가까운 곳에서만 주로 사용되었으나, 운송 수단이 발달하면서 다양한 지역으로 뻗어 나가 사용되기 시작했다. 이렇게 저렴하면서도 생산성 높고 튼튼한 벽돌이 큰 공간이 필요한 성수동의 공장과 빌라 등에 사용된 것은 당연한 일이다.

벽돌은 시간을 품은 재료다

붉은벽돌의 흥망성쇠

1970년대에 '벽돌건축'의 전성기를 열었던 건축가 김수근은 "건축은 빛과 벽돌이 짓는 시"라는 말을 남겼다. 그는 1972년 검은색 전벽돌로 원서동의 공간 사옥을 지었고, 1977년 건축가 박길룡이 설계한 한국문화예술위원회 본관(구 서울대학교 본관, 현 예술가의집)과 재료의 맥락을 같이하며 대학로에 아르코 미술관과 예술극장, 샘터 사옥, 한국해외개발공사 사옥 등을 연달아 벽돌로 쌓았다. 1980년대 말까지 벽돌은 한국의 건축가들이 가장 사랑하는 재료로 자리 잡았다.

그러나 국내 건축 재료 기술이 발달하고 철근콘크리트가 널리 사용되면서 벽돌의 인기는 사그라들었다. 예컨대 1896년 조적으로 지은 시카고의 모나드녹 빌딩(Monadnock Building)은 17층을 쌓기 위해 1층 벽의 두께를 1.8m로 만들어야 했다. 막대한 공간 낭비였다. 반면 이 시기에 등장한 철근콘크리트 구조벽은 단순한 거푸집에 빠른 타설이 가능했고, 신속함과 경제성을 갖추었기에 고층 건물의 구조재로 널리 사용되었다. 이후 구조역학의 발달로 벽돌을 얇게 쌓는 기술이 생겨났으나 콘크리트의 경제성에 밀려 벽돌의 사용은 급격히 감소했다.

회색의 무미건조한 콘크리트, 친근한 벽돌 건물

1980~1990년대 이후 아파트 시장의 활황에 힘입어 대형 건설업자들은 수없이 많은 아파트를 콘크리트로 지었다. 그 시기 소규모 주택 시장의 집장사들은 공동주택에 '빌라'라는 이상한 이름을 붙인 뒤 콘크리트 내력벽 위에 화강석을 건식으로 붙인 저품질 주택을 양산했고, 대중은 자연스레 붉은 벽돌집을 '싸구려'로 여기기 시작했다. 기술의 발달과 재료의 다양화 역시 벽돌을 멀리하게 만든 원인 중 하나다. 어떤 건축가들은 물성을 드러내는 재료로서 노출콘크리트를 진지하게 탐구하기 시작했으며, 어떤 건축가들은 건물의 외벽(스킨)을 금속 패널로 치장하는 데 몰두했다. 이 사이에 벽돌건축은 점차 건축가들의 관심에서도 멀어져갔다.

그러나 벽돌은 회색의 거대한 고층 빌딩 숲에서 조적 구조의 기능 대신 색상, 패턴, 질감을 표현하는 재료로 다시 사랑받고 있다. 최근엔 구조재가 아닌 치장재로 새롭게 각광받기 시작하며 다양한 색깔과 독특한 쌓기 방식으로 건물 외벽에서 개성을 드러낸다. 가장 중요한 것은 자연스럽고 친숙한 이미지다. 벽돌은 흙을 구워서 만든다. 그리고 가지런한 줄눈은 천연 재료라는 이미지와 더불어 안정감을 준다. 게다가 한국처럼 다습하며 기온 변화가 심한 곳에선 건축 재료의 오염이 빈번한 편인데, 벽돌은 다른 건축 재료에 비해 변형이나 오염이 적다. 많은 사람이 벽돌 외벽을 선호하는 이유다. 한때 도심의 준공업지대였던 성수동이 다시금 사람들에게 주목받는 이유도 벽돌의 친숙함 때문일 것이다. 붉은벽돌 공장이었던 어니언에서 갓 구운 빵을 먹고, 대림창고의 높은 층고 사이에 떨어지는 빛을 맞으며 커피를 마시는 일은 무채색 아파트나 무미건조한 콘크리트 숲에 둘러싸인 밀레니얼에게 새로운 감흥을 안겨준다.

서울숲 북쪽 일대는 '붉은벽돌 마을' 시범 사업지다

붉은벽돌과 회색 지식산업센터의 대비는 색다른 풍경을 연출한다

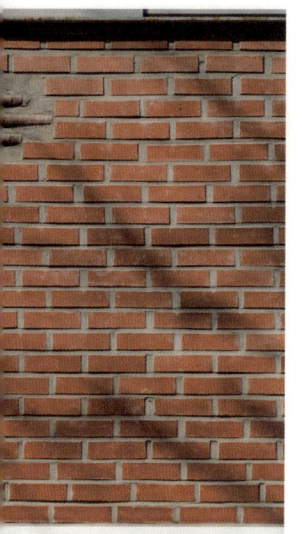

회색의 지식산업센터

준공업지역으로서 각종 피혁과 구두, 인쇄물 등 다양한 물건을 생산하던 성수동의 풍경과 색이 바뀐 건 최근 일이다. 2000년대부터 일명 '아파트형공장'으로 불리던 '지식산업센터'가 들어오면서부터다. 건축법에 따르면 지식산업센터는 '제조업과 지식산업 그리고 정보통신산업 업체와 지원 시설이 복합적으로 입주 가능한 3층 이상의 집합 건물'로 6개 이상의 공장이 입주할 수 있다.

원래 아파트형공장은 좁은 토지에 효율적으로 공장을 짓고 관리하기 위해 홍콩, 싱가포르 등 공업용지가 부족한 국가에서 먼저 활성화됐다. 우리나라에서도 서울을 비롯한 수도권 지역의 중소 제조업체 공장 부지가 줄어들고, '수도권정비계획법'에 따라 공장 총량을 규제하며 수도권에 입지가 부족해지자 아파트형공장을 도입했다. 이후 산업의 변화에 따라 2010년 부정적인 이미지의 '공장' 대신 '지식산업센터'로 이름을 바꿨고, 제조업뿐 아니라 지식산업이나 정보통신산업 관련 기업도 입주할 수 있도록 했다. 제조업 외에도 지식기반산업, 정보통신산업,

/ 붉은색과 회색

벤처 기업, 금융·보험업, 기숙사, 근린생활시설까지 들어올 수 있으니 그야말로 정체불명의 '센터'가 되었다. 산업 육성을 격려한다는 취지로 취득세의 절반을 줄이고, 재산세를 37.5%까지 경감하는 파격적 혜택을 주니 지식산업센터는 우후죽순 격으로 생겨났다. 현재 성수동엔 '성수산업밸리'란 이름으로 총 40여 개의 센터가 입주해 있고, 아파트처럼 선분양 후시공을 한다.

성수역을 중심으로 뚝섬역과 동부간선도로 안쪽은 산업개발진흥지구로 지정됐다. 이곳에 지식산업센터가 몰려 있다. 성수대교만 넘으면 강남과 테헤란밸리로 연결되고 동부간선도로, 내부순환로, 강변북로, 올림픽대로로 이어진다. 여기에 더해 지하철 2호선(성수역·뚝섬역)과 7호선(뚝섬유원지역) 그리고 분당선(서울숲역)이 지나니 교통의 요지인 셈이다. 2000년대에 풍림테크원과 영동테크노타워가 먼저 들어선 이래로, 현재 현대, 포스코, SK, AK 등 대기업도 앞다투어 물량을 공급하고 있다. 2018년 자료에 따르면 서울시 지식산업센터 213개 중 20%가량이 이곳에 몰려 있으며 이는 금천구(77), 구로구(41)에 이어 3위에 해당하는 수치다.

이렇게 지식산업센터가 몰리다 보니 제조업에 종사하는 블루칼라가 지배하던 성수동에 화이트칼라 인구 유입이 크게 늘었다. 성수역 근처 40평 규모 사무실의 경우 월세가 200만~350만 원인데, 강남 사무실에 비해 훨씬 저렴하다. 현재 성수역을 중심으로 SKV1타워, 하우스디세종타워, 성수역테라스타워, 서울숲A타워, 서울숲드림타워, 서울숲포휴, 서울숲L타워, 한라시그마밸리 등의 센터가 있다. 이곳에 입주한 벤처 기업만도 2,500여 개에 달하니 자연스럽게 지역경제와 부동산에도 큰 영향을 미칠 수밖에 없다.

붉은벽돌 공장이 헐리고 그 자리에 회색의 지식산업센터가 들어선 결과, 성수동의 공장에서 일하던 블루칼라 노동자는 판교나 구로디지털밸리와 같이 화이트칼라 출신 노동자로 대체되는 추세다. 붉은색에서 회색으로 바뀐 외형만큼 오늘날 성수동의 풍경을 구성하는 사람과 색도 빠르게 바뀌고 있다.

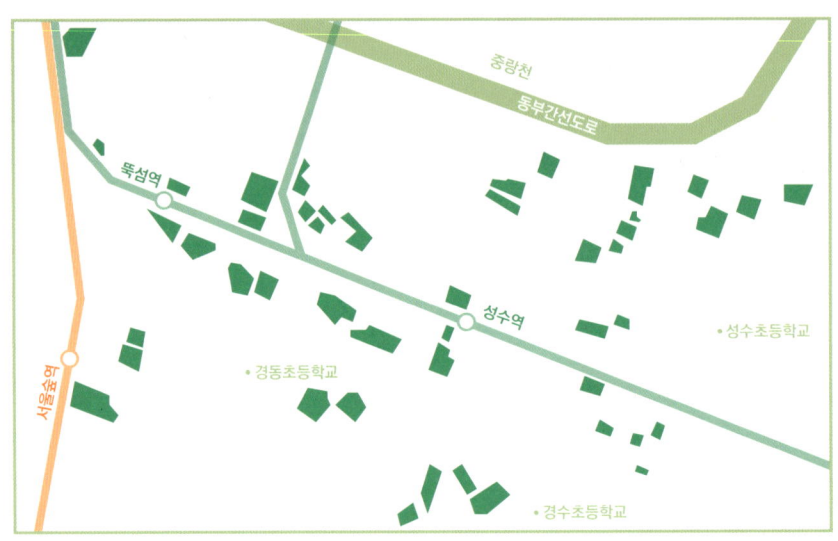

성수산업밸리의 지식산업센터 현황

두 가지 색 이야기

서울시 지식산업센터 213개 중 20%가량이 이곳에 몰려 있고, 이는 금천구(77), 구로구(41)에 이어 3위에 해당하는 수치다

3

서울숲
서울숲의 어제, 오늘 그리고 내일

2005년 6월 문을 연 서울숲은 서울의 대표적인 대형 공원이다. 규모뿐 아니라 민관 협력 체계를 통한 공원 운영과 새로운 공원문화 선도 모델로 주목받아 왔다. 서울숲이 들어서며 성수동의 상징은 '공장'에서 '공원'으로 바뀌었다. 서울숲 개장은 단순히 녹지가 늘어난 것 이상의 변화를 불러왔다. 서울숲을 중심으로 사람이 모여들고 공원 주변에 상권이 형성되며 동네 전반에 새로운 문화가 생겨나기 시작했다. 성수동은 그렇게 서울숲과 더불어 변화해왔다.

글 조혜령(정원사친구들 정원활동 연구가)

정원 시공 및 컨설팅을 담당하는 디자이너 그룹 '정원사친구들'과 함께 다양한 형태의 공공정원 프로젝트를 수행해왔다. 그와 더불어 정원이 지니는 공공적 가치와 매력에 대해서도 지속적으로 연구하고 있다. 서울숲, 서울식물원 등에서 식물문화 전시와 프로그램을 진행 중이다.

어제: 도시, 생태, 시민 참여

서울숲과 관련된 과거 기록을 더듬어 올라가다 보면, 이 일대가 시대에 따라 '뚝섬' 또는 '뚝섬유원지'라 불린 사실을 알 수 있다. 원래 뚝섬이라는 명칭은 조선시대 왕의 사냥터에 꽂았던 독기(纛旗)에서 유래한다. 왕의 사냥터로 활용되지 않을 때는 국마(國馬)를 기르던 목장과 내농포(內農圃, 조선시대 궁에서 사용하는 채소를 재배하던 밭)가 있었다. ■
1950~1970년대에는 서울숲 부지에 경마장이 건설되어 시민의 소풍 장소로 사랑받았다. 1989년 경마장이 경기도 과천으로 이전하면서 1991년부터는 체육공원으로 활용됐다. 2003년에는 이명박 서울시장의 주요 공약이었던 '생활권 녹지 100만 평 늘리기 사업'과 함께 '뚝섬숲 조성 계획'이 발표됐다. 1998년부터 숲 가꾸기를 통해 건강한 사회 만들기 운동을 전개해 온 시민단체인 생명의숲국민운동이 그해 3월 서울숲 조성 과정에 시민이 참여하는 민관 파트너십을 제안하고자 서울시와 협약을 맺고 서울그린트러스트(Seoul Green Trust, 이하 SGT)를 창립한다. 뒤이어 2003년 국제현상공모에서 '도시숲' 개념을 제안한 동심원조경기술사사무소 컨소시엄 안이 당선됐다. 이는 1999년 여의도공원 개장 이후 이어진 이전적지(이전이 확정되어 다른 용도로 개발될 부지) 공원 조성과 더불어, 생태공원 조성과 복원 흐름을 잇는 계획으로 평가받았다. 주목할 만한 점은 여기에 '도시숲'과 '생태숲', '시민 참여'라는 개념을 더한 새로운 도시공원상이 제안됐다는 것이다. 2004년 착공해 2005년 6월 개장한 서울숲은 개장 이후 2주 만에 방문객 수가 100만 명에 달했고 이후에도 한 해 평균 750만 명이 방문하고 있다. ■

■ 김정은(2017), 유원지의 수용과 공간문화적 변화 과정: 창경원, 월미도, 뚝섬을 중심으로, 서울대학교 박사학위논문.

■ 서울숲에 빠진 사람들 동네를 바꾸다, 한겨레, 2014.12.28.

서울숲 자리에 있었던 서울경마장은 1989년 경기도 과천으로 이전했다

서울숲은 낙후된 서울 동북부 준공업지역을 재생하는 의미도 지닌다. 서울숲 주변 지역은 준공업지역뿐 아니라 일반주거지역, 준주거지역 등 다양한 용도지역이 혼재돼 있다. 과거 이 일대는 밀집된 공장에서 발생한 소음과 매연 등으로 환경이 열악했다. 지리적으로도 중랑천과 한강이 합류하는 지점이라, 남측과 서측이 강과 강변북로에 에워싸여 단절된 곳이다. 서울숲 개장은 성수동 일대에 커다란 변화를 일으켰다. 공장과 창고가 모인 성수2가 준공업지역을 중심으로 예술가의 유입이 늘었고, 북쪽 경계와 인접한 성수동1가 주거지역에서는 사회적 기업과 혁신가의 활동이 시작됐다. 성수1가 일대 제1종·제2종 일반주거지역은 단독주택과 다세대주택이 밀집한 20~30년 연식의 저층 주거지다. 도시 관련 학계에서는 사회적 기업 입주 이후의 성수동을 자생적 도시재생의 초기 단계를 관찰할 수 있는

지역으로 평가한다. 특히 2013년 성수동에 자리 잡은 SGT의 녹색공유센터는 지역 변화를 주도해온 주요 단체다. 이들은 서울숲 인근의 단독주택을 임차해 동네 사랑방을 만들었고, 담장 문을 활짝 개방해 지역 주민과 공간을 공유했다. 그해 가을에는 '성수동 동네꽃축제'를 기획해 본격적으로 지역 주민과 소통하기 시작했는데 2014년에는 인근 50여 개 단체와 상인이 합류하는 동네 축제로 자리매김했다. 이처럼 SGT 활동가들은 녹색문화 확산과 지역재생을 연결하는 담론의 장을 마련하기 위해 애썼다. 특히 서울숲과 지역사회의 매개 역할에 공을 들였다. 그 일환으로 직접 화분을 싣고 동네 길목에 가져다 놓은 '화목한 수레 동네한바퀴'란 퍼포먼스를 진행하기도 했다. 성수동 일대에는 이런 사회혁신가뿐 아니라 다양한 청년 창업인이 늘어났고, 기존에 터를 잡았던 단체와 점포 간에도 네트워크가 형성되기 시작했다. 이렇듯 "초록을 매개로 지역 주민과 한마디라도 더 하겠다"는 활동가들의 의지는 지역 변화를 견인한 촉매제가 됐다.

오늘: 지원, 연결, 롤 모델

성수동의 변화 양상은 젠트리피케이션 국면에 접어들며 또 달라졌다. 사회적 기업의 유입이 서울숲 주변 임대료를 높이면서, 초기에 자리 잡은 일부 가게와 예술가를 밀어냈다. 이들 중 대부분은 성수동의 다른 동네나 주변 광진구 등지로 이동했다. 2015년 SGT도 녹색공유센터를 정리하고 인근 공유오피스인 심오피스로 이전했다. 김우주의 연구 ■ 를 통해서도 "대규모 공원 조성이 지역 재개발 사업과 연계된 촉매제가 되어 주변 지역에 이질적이고 급진적인 변화를 유도한다"는 사실을 확인할 수 있다. 또한 서울숲 경계 지역에 초고층 주상복합 건설을 유도하는 도시계획이 특정 계층에게 공원의 접근성과 조망권을 점유하도록 한 점도 꼬집었다. 그럼에도 현재의 성수동은 여전히 활력과 창조 에너지가 흘러넘치는 문화·예술 지역으로 손꼽힌다. 이런 성수동의 분위기는 공원문화의 다양성에도 영향을 끼친다. 친환경 상품 판매점 등 서울숲 인근에 꾸준히 생겨나는 다양한 문화 관련 상업시설은, 공원 이용자를 고객으로 연계하는 도시 형태의 자발적 변화 경향이기 때문이다.

■ 김우주 외(2015), 서울숲 조성 및 관련 도시개발계획에 따른 주변지역 도시 형태 변화, 서울도시연구, 16(3), pp.1~12.

한편 서울숲은 공원 경영에 대한 해결책을 실험해온 장이다. 2015년 12월 SGT 사무국과 운영위원회에서는 서울숲 민간 위탁 운영을 실현하기 위한 준비에 한창이었다. 서울숲의 민간 주도적 경영 모색은 박원순 서울시장과 푸른도시국의 결단을 발판으로 추진됐다. SGT는 TF 팀을 구성해 공개 경쟁 입찰을 위한 제안 준비에 들어갔다. 준비 과정에서 사무국 일부가 서울숲컨서번시(Seoul Forest Park Conservancy)로 개편됐다. 2016년 11월에는 서울숲컨서번시가 SGT 본부에서 독립하며 서울숲 운영 관리 체계에도 변화가 생겼다. 2017년부터 현재에 이르기까지 서울숲에는 민간 경영의 시도가 있었고, 공원의 새로운 의결 조직인 서울숲위원회도 만들어졌다. 또한 기존의 시설 관리, 자원봉사, 프로그램 등 분야별 업무에 따라 조직됐던 서울숲컨서번시가 '구역별 관리제'로 개편했다. 공원의 구역별 관리제는 국내에서 처음 시도된 것이다.

새로운 시도와 함께 2017년부터 SGT에서도 '지원', '연결', '모델'을 주제로 다양한 사업을 추진했다. 무엇보다 도시공원 안에서 잘 쓰이지 않는 공간을 찾아내 가치 있는 장소로 재탄생시키는 것이 목적이었다. 때마침 SGT 정원문화클럽에서는 네 번째 어린이정원 대상지를 물색하고 있던 터였다. 서울숲에 자리한 어린이정원의 주요 아이디어는 판타지 요소와 물리적 공간을 잇는 것이었다. 아이와 함께 자연(정원·공원)을 즐길 수 있는 공간, 아이들에게 꿈과 상상의 공간이 되길 바라는 마음으로 동화 같은 이야기를 정원 곳곳에 녹였다. "아이들이 작은 동굴과 버들로 엮인 터널을 지나 신기하고 허무맹랑한 캐릭터와 식물이 사는 '이상한 나라의 숲'으로 모험을 떠난다"는 개념이다. 이렇게 완성된 'My kid in Wonderland: 엄마의 정원(이하 엄마의 정원)'은 정원문화클럽의 도움과 KEB하나은행의 후원으로 2017년 봄 개장했다. 엄마의 정원 조성 당시, 개장한 지 10년이 넘은 서울숲에 방치된 자재를 활용하거나 피압(被壓)된 나무들을 솎아 정원에 이식했다. 또한 성동구 맘 커뮤니티를 초대해 사업 취지를 설명한 뒤 함께 만들어나가자고 설득했다. 이 프로젝트에 공감한 주민들은 시간이 날 때마다 호미를 들고 식물을 심었다. 주말에는 페인트칠을 돕기 위해 온 가족이 이곳에 들르기도 했다. 모두가 힘을 모아 완성한 엄마의 정원은 2년이 지난 지금도 여전히 아름다운 모습으로 사랑받고 있다. 또한 '마녀가 읽어주는 숲속 동화', '숲속 할로윈 파티' 등 공간에 어울리는 다채로운 행사가 열리기도 했다. 처음에 의도한 것 이상으로, 엄마의 정원은 지역 어린이의 상상과 사랑으로 특별한 이야기를 채워가고 있다.

내일: 완전한 서울숲

■ 심주영(2018), 서울숲공원 관리체계에 나타나는 공원 거버넌스 형성 과정, 서울대학교 박사학위 논문.

심주영의 연구■에 따르면 서울숲의 문화적 성숙은 2009년 이후 서서히 변화가 나타나기 시작한다. 이는 공원의 일반적 소비 형태가 축소되고 구체적 장소와 프로그램이 등장하는 양상으로 전개됐다. 서울숲에서 가장 인기 있는 장소가 '곤충식물원'이나 '나비정원'이라는 것만 보아도 이런 흐름을 알 수 있다. 2017년 이후 '어린이정원', '꿀벌정원'이 서울숲과 관련해 자주 언급된 단어라는 점도 이를 증명한다. 이는 공원 이용의 행위 확장으로 이해할 수 있다. 단순한 방식의 공원 이용에서 다채로운 형태의 체험으로 진화한 것이다.

이제 또 다른 시대의 개막을 앞둔 서울숲의 내일을 상상해본다. 2017년 10월 서울시는 삼표산업과의 오랜 협의 끝에 삼표레미콘 성수 공장을 2022년 6월 30일까지 이전·철거하기로 결정했다. 또한 성수대교 북단, 고산자로 등 간선도로로 단절된 서울숲 일대 도로 상부와 지하를 입체적으로 연결하겠다고 밝혔다. 이 중심에 위치한 공장 부지에는 중랑천 둔치와 이어지는 수변문화공원이 조성되며, 서울숲과 경의중앙선 응봉역 사이에는 보행 전용교를 설치할 예정이다. 일련의 공사가 완료되면 서울숲은 이전 면적보다 40%가량 확대된 약 18만 평(61만㎡) 크기의 대형 공원이 된다. 서울시는 공장 시설 일부를 보존해 산업화시대 역사의 흔적을 남길 계획이며, 이와 관련해 "서울로 7017, 문화비축기지 같은 도시재생의 거점으로 만들 것"이라 발표한 바 있다.

서울숲 일대 공원화 계획

서울숲에 펼쳐질 내일의 이슈와 별개로, 서울숲이 '시민과 함께 만드는 도시숲'이라는 사실은 변함없을 것이다. 시민 공모를 통해 정한 '서울숲'이라는 명칭이 그러하듯, 앞으로도 이곳을 방문하게 될 모든 이가 '시민'이라는 이름으로 푸른 공원의 친구가 되길 바란다.

My Kid in Wonderland: 엄마의 정원

4

인더스트리얼 힙타운

준공업지역 힙타운의 특수성

홍대 권역에서 발원한 힙타운 조류는 전국 방방곡곡으로 퍼져나가며 일련의 '뜨는 동네'를 만들어내고 있다. 이런 흐름에 힘입어 주목받는 지역 중 상당수에는 경리단길에서 착안한 '~리단길'이란 별칭이 붙었는데, 해당 지역은 상권 구획, 주요 업종, 인테리어 등에서 유사하다. 그러나 오늘날 서울을 대표하는 힙타운인 성수동은 '~리단길'로 불리지 않을뿐더러 전형적인 힙타운 문법에서 한 발짝 벗어난 모습이다. 이 유별난 면면을 이해하려면 강북 유일의 준공업지역으로 설계된 성수동의 도시 구조적 특성을 살필 필요가 있다.

글 강필호

4 / 인더스트리얼 힙타운

상전벽해

조선시대까지만 해도 뚝섬(뚝도)으로 불리던 성수동은 이름 그대로 한강과 중랑천, 청계천이 만나는 지점에 있는 퇴적 평야에 불과했다. 사대문 밖 한양의 끝자락으로 여겨진 이곳에는 도읍을 지키는 군대가 주둔했고, 임금은 이따금 이곳을 방문해 군대를 사열한 뒤 사냥을 즐겼다. 그 흔적은 '연무장(演武場)길'이란 지명으로 남아 있다. 한편 서민들은 이곳을 개간해 채소 농사를 짓거나 뚝섬 포구에서 일하며 생계를 이어갔다. ■

■ 서울역사박물관(2014), 『성수동』, pp.20~31.

일제 강점기와 한국전쟁을 거치면서도 농촌의 면모를 유지하던 성수동은 1960년대 서울시의 도시계획 재정비를 계기로 변하기 시작했다. 당시 서울시는 이촌 향도에 따른 인구 집중 현상으로 인해 도시문제를 겪었고, 사대문 밖으로 주거와 생산 기능을 일부 이전해 문제를 해결하고자 했다. ■ 그 과정에서 준공업지역으로 지정된 성수동에서는 대대적인 토지구획정리사업이 시행되었다. 이 사업의 초점은 준공업지역 내 산업시설 유치였고, 당시 설계된 획지 ■ 형태는 그대로 남아 힙타운 성수동의 면면에 깊은 영향을 미치고 있다.

■ 건설부고시 제1031호, "서울 도시계획 용도지역 결정", 1964.08.17.

■ 도시의 건축용지를 갈라서 나눌 때 한 단위가 되는 땅.

준공업지역의 특성을 이해하는 것은 힙타운 성수동을 이해하는 첫걸음이다

준공업지역 힙타운의 특수성

성수동 대표 힙플레이스 분포도

Grand Scale

한국형 힙타운의 원류라 할 수 있는 홍대, 이태원, 신사동 등의 공통점은 주거지 또는 상업지가 힙플레이스로 변모했다는 것이다. 구도심에 속하는 이 지역은 대체로 필지가 작게 나뉘어 임대 가능한 소규모 공간이 많고, 도보로 이동하기 편한 골목길을 갖추고 있다.

반면 성수동은 다른 힙타운에 비해 획지 규모가 평균 두 배 이상 큰 편이다. ■ 준공업지역의 기능적 특성(적재·생산·가공)상 창고, 공장 등 대규모 공간이 필요해 그에 맞춰 도시계획이 이뤄졌기 때문이다. 따라서 노후 건축물을 리모델링해 새로운 서비스나 콘텐츠를 선보이고자 하는 이들은 대형 공간 임대를 고려해야 한다. 다시 말해 성수동은 소자본 창업이 가능한 소규모 공간이 적은 편이며, 그렇기에 이 지역의 초기 힙타운화를 이끈 창고형 문화공간 중 상당수는 부동산 자본의 힘을 빌리거나 예술가들이 공동 운영하는 스튜디오 형태로 시작했다.

게다가 경공업 용도로 건립된 성수동 건축물 중 대부분은 수제화, 인쇄, 자동차 정비 등의 분야에 걸쳐 여전히 제 기능을 하고 있으며, 이러한 상황은 힙플레이스 기획에 적합한 부동산 매물 부족 현상을 부채질해왔다. 그 결과 총면적 153만 6,700평(5.08㎢)에 이르는 광범위한

■ 최선호·김기호(2014),
1960년대 토지구획정리사업으로
형성된 준공업지역 계획 특성 연구,
「한국도시설계학회지 도시설계」, 15(6),
pp.157~171.

4 / 인더스트리얼 힙타운

동네 안에서 힙플레이스는 시차를 두고 산발적으로 생겨났고, 이 특성은 홍대나 이태원같이 상점과 문화공간이 밀집한 중심 거리가 없는 독특한 면모를 빚어냈다. 그래서 외부 방문객은 지역 내에 흩어져 있는 유명 상점 사이를 이동할 때 상당한 시간을 들일 수밖에 없다.

신구 부조화

준공업지역이란 특성은 비단 힙타운의 공간 활용에만 영향을 미친 것이 아니다. 준공업지역은 기본적으로 공업시설을 수용하되 주거·상업·업무 기능을 보완하도록 유도하는 지역을 의미한다. 이에 따라 서울시는 성수동을 여러 용도가 자연스럽게 섞여들 수 있는 '혼합지역'으로 개발하기 위해 공장 외에도 상당수의 택지와 근린생활시설을 마련했다. 이는 산업적인 질감과 일상적인 느낌이 공존하는 성수동만의 개성을 만들어냈지만, 다른 한편으로 지역의 구조적 응집력을 느슨하게 하는 요인이 되기도 했다.

성수동2가 내 건축물 용도 현황(서울시 GIS)

준공업지역 힙타운의 특수성

성수동 건축물의 상당수는 공업용으로 지어졌다

성수동의 건축물 용도 현황을 살펴보자. 주거·상업시설은 주요 교통망인 지하철 2호선과 아차산로에서 멀리 떨어진 외곽에 주로 분포한다. 반면 중심가에는 공업용, 업무용 시설이 밀집해 있다. 이러한 용도별 구획은 주거·상업·업무 기능을 수용하되, 산업적 효율을 중시하는 준공업지역의 특성이 표면화된 결과다.

그런데 교통과 접근성에 민감할 수밖에 없는 힙플레이스는 기존 근린생활시설과 무관한 지하철 2호선 역세권 일대에 자리 잡아 왔고, 결과적으로는 지역 내 잠재적 소비 계층과 연계되지 못했다. 물론 독특한 건축물과 콘텐츠의 매력에 힘입어 성수동이 주목받고 있는 것은 사실이지만, 변화에 상응하는 유기적 지역 구조를 고안하는 것이 성수동에 주어진 과제라 할 수 있겠다.

/ 인더스트리얼 힙타운

성수동 관내 주요 버스 노선도

교통 불모지

거대한 규모에 비해 기능적 응집력이 약한 준공업지역 힙타운의 성격을 생각해본다면, 교통 중심지와 거리가 먼 주거지·상업지를 두루 잇는 연계 교통의 중요성은 자명하다. 하지만 성수동의 교통 시스템은 아쉽게도 복합적 변화에 대응하지 못하고 있다.

일단 성수동을 동서로 가르며 지나는 지하철 2호선은 성수역과 뚝섬역 등 2개 역에 걸쳐 외부와 성수동을 잇는 핵심 교통수단이다. 그러나 해당 노선은 아차산로를 따라 지상 선로로 부설된 탓에 고가의 하부가 그늘에 가려 낙후되는 단점도 있다. 게다가 고가 아래 아차산로는 횡단보도가 적은 탓에 지하철 2호선 성수동 구간을 기준으로 남쪽과 북쪽의 생활권이 자연스레 단절되었다.

한편 2012년에 운영을 시작한 분당선 서울숲역은 경기 남부, 강남권과 성수동을 잇는 역할을 수행하고 있다. 그러나 예상보다 수요가 적어 2014년 1월 24일 자로 무배치간이역(승무원이 배치되지 않은 역)으로 전환되어 운영 중이다. 물론 서울숲 주변 지역의 개발이 진행되고 있으며, 분당선의 수요가 꾸준히 증가하고 있으므로 앞으로 그 효용성은 재평가될 것이다.

준공업지역 힙타운의 특수성

■
간선버스
121(화계사-서울숲)
146(상계주공-강남역)
242(중랑공영차고지-개포시영아파트)
302(상대원차고지-상왕십리역)

지선버스
2224(성수동-강변역)
2014(자양동-동대문역사문화공원)
2413(성수동-개포동)
2012(중랑공영차고지-동대문역사문화공원)
2016(중랑공영차고지-효창동)
2222(자양동-고대앞)
2412(성수동-세곡동사거리)

마을버스
성동13(옥수역-성수역)
성동10(현대아이파크-성수역)

이보다 큰 문제는 뚝도지구 준공업지역의 기본 설계에 맞춰 계획한 내용이 그대로 유지되고 있는 듯한 버스 노선 체계다. ■ 성수동 관내를 지나는 간선버스 숫자는 적지 않지만, 성수동의 구심점이라 할 수 있는 아차산로를 거치는 노선이 전무하다. 간선버스 대다수는 광나루로, 왕십리로, 동일로 등 성수동의 가장자리를 에워싼 도로를 따라 움직인다. 그 결과 성수동 힙플레이스를 방문하려는 외부 방문객에게 간선버스는 사실상 무용하다.

이와 같은 상황에서 지선버스와 마을버스의 역할은 어쩌면 간선버스보다 중요하다. 그런데 성수동을 오가는 지선버스와 마을버스의 노선 편성은 전통적 근린생활시설 밀집 지역 통과에 초점을 맞춘 나머지, 힙플레이스가 밀집한 연무장길이나 성수이로 일대에는 제대로 된 교통 편의를 제공하지 못한다. 결과적으로 성수동의 대중교통은 거주민의 교통 수요를 일부 충족할 뿐, 새롭게 부상하는 상업 기능에는 제대로 대응하지 못하고 있다.

갈림길에서

준공업지역만의 독특한 색채, 강남지역과 도심부 접근에 용이한 입지 조건, 18만 평(0.59㎢)에 이르는 규모를 자랑하는 생태공원 서울숲의 존재, 한양대학교와 건국대학교 등 대학가가 가까이에 있다는 점 등 성수동은 힙타운 형성을 위한 긍정적 요소를 두루 갖췄다. 반면 힙플레이스 집적이 어려운 필지 구조, 소규모 창업이 쉽지 않은 부동산 여건, 이면지역을 아우르지 못하는 교통망 등은 지역의 잠재 가치 발현을 가로막는 요인으로 작용할 가능성이 크다.

젠트리피케이션으로 인한 부작용, 지식산업센터 중심의 획일적인 역세권 개발 등 비판의 여지도 존재한다. 하지만 준공업지역이 힙타운으로 변모하는 과정은 다른 어떤 지역에서도 찾아볼 수 없는 특수성을 지니고 있다. 라이프스타일과 로컬 콘텐츠 영역에서 변화의 바람이 불고 있는 이 시기, 갈림길에 선 성수동의 오늘은 지역의 변화를 바라보기 위한 복합적 관점을 요구하고 있다.

복합적인 관점에서 바라봐야만 힙타운 성수동을 이해할 수 있다

도시변태

건축가가 바라본, 그리고 살아본 성수동

일상과
비일상의
점·선·면

글 현창용(공주대학교 건축학부 교수, 건축가)

건축가이자 공주대학교 건축학부 교수다. 2014년부터 성수동에 거주하고 있으며, 2015년 이승규·황정현과 함께 성수동에 건축사사무소 H2L을 설립, 지역의 변화상을 몸소 겪었다. 현재 성수동을 기반으로 건축 작업을 이어가며 대학에서 설계와 이론을 강의하고 있다.

나에게 성수동은 '이상(理想) 도시'다. 조금 부풀려 털어놓자면 이곳이야말로 삶을 위한 감성과 기능을 모두 충족하는 유일무이한 도시라 말하고 싶을 정도다. 창으로 고개를 내밀어 내려다보면 저마다 다른 모습을 한 카페와 공방과 식당이 눈에 띄고, 조금 산책하다 보면 서울숲이 반긴다. 그분 아니라 아직도 철물점, 빵집, 표구점, 문방구가 제 역할을 하는 살아 있는 동네다. 공동주택 광풍 속에서 몰개성 일변도로 옷을 갈아입는 서울에 아직 이런 동네가 남아 있다니, 게다가 이 모든 삶의 부분들이 걸어서 5분(혹은 자전거로 5분)이면 이어질 수 있다니 놀라울 따름이다. 아파트 단지에 갇혀 '집'이라는 하드웨어의 가치에 몰입하는 현대 한국 그리고 그 최전선인 서울 한복판, 성수동에서의 삶은 '집'이 아닌 '동네', 더 나아가 '도시'에 기댄다. 성수라는 도시가 건네는 삶의 '소프트웨어'에 로그인해 본 이들은 공감하리라. 집은 도시 일부일 뿐이라는 것을.

이 동네를 알아가려면, 이쪽에 한 점을 찍고 다시 저쪽에 점을 찍으러 가야 한다

일상과 비일상의 점·선·면

성수동은 도심 속 준공업지역이다

이 동네는 1960년대 이후 개발의 시대를 관통하며 경공업의 전성기를 풍미했다. 하지만 2000년대로 들어서며 산업 구조가 재편되고 제조업 중심에서 지식산업으로 전환되며 변혁을 맞는다. 변혁의 시점이 저성장시대의 시작점이어서일까. 이곳의 변화는 도시의 역할이 바뀌면 도시를 통째로 바꿔버리던 시대를 비껴갔다. 도시는 다행히 제자리를 지킨 채 새로운 이들과 새로운 행위를 받아들인다. 도시의 맥은 유지하되 문화가 바뀐 셈이다.

이렇게 바뀌어온 성수의 소프트웨어가 여느 뜨는 동네와 다른 이유는 도시의 구성과 공간 구조 때문이다. 대부분 몇몇 길목에 엄청난 밀도로 운집한 핫스팟을 중심으로 상권이 형성되고 그 이면은 한산한 특성이 있는데, 이곳은 다르다. 방랑객이 유명세에 이끌려 성수동을 찾으면 어리둥절하다. 거기서 거기에 죄다 몰려 있는 다른 뜨는 동네와 달리 핫스팟이 띄엄띄엄 있다. 게다가 그 사이사이 여러 공장과 아틀리에는 태연한 일상을 유지한다. 인스타그램에서 최고의 주가를 달리고 있는 카페 앞으로 느긋한 두부 손수레가 지나가기도 하고, 생선 장수 트럭이 한 시간 동안 골목에 진을 치기도 한다. 결국 성수는 기존 도시의 맥 위에 새로운 문화가 조심스레 깃든 모양새다. 그렇기 때문에 이러한 동네의 묘한 분위기를 한두 골목의 핫플레이스로 설명할 수 없는 건 당연지사다. 도시 군데군데 찍힌 점(點)들, 그 점들을 잇는 선(線)을 본 후에야 이들이 짜낸 성수동만의 면(面)을 조금씩 알아가게 된다.

성수의 점:
산개한 일상의 일터와 비일상의 힙플레이스

타지인들이 성수동에 놀러 오는 날이면 고민에 빠진다. "요즘 핫하다던데?"를 연발하며 기대에 찬 친구에게 이 동네를 어떻게 소개할까. 이태원로처럼 한눈에 다 들어오지도, 경리단길처럼 한 골목에서 다 해결되지도 않는다. 가로수길처럼 화려하거나 홍대처럼 밤낮없이 들썩이지도 않아서, 일찌감치 영업을 마치고 '저녁이 있는 삶'을 사는 힙플레이스 주인장들이 흔하다. 소위 '한 방' 없이 이곳저곳 손잡고 누벼야 비로소 조금씩 알아갈 수 있는 복합성의 도시인 것이다. 결국 하루 만에 동네를 소개하길 포기한다. 얼핏 보면 뜨는 동네가 맞나 싶은 이곳, 학생과 직장인이 활기차게 골목을 오가는 이곳, 구두 장인과 야쿠르트 아줌마가 늘 그러했다는 듯 도시를 누비는 이곳. 하지만 자세히 살펴보면 그 틈에 독특한 스타일의 청년이 눈에 띄고, 그는 스마트폰 지도를 바라보며 다음 목적지를 고민하고 있다. 이쯤 되면 우리는 한 켜 한 켜 천천히 벗겨야만 이 동네를 알 수 있음을 직감한다.

성수동은 구조적으로 아직 공업지역의 역할을 완전히 걷어내지 않았다. 여타 명소에서 기존의 도시 구성원이 완전히 밀려나고 새로운 맛집과 가게들이 도시의 색을 완전히 바꿔버렸다면, 이곳은 동네의 터줏대감과 새로운 이주자가 조심스레 공존하는 중이다. 기존 공장과 가게 주인들은 꽤 올라버린 임대료에도 입지적 장점을 무기 삼아 버티고 있다. 새로 이곳에 둥지를 튼 이들 역시 이 도시를 공부하고 또 공부해, 옛 도시의 틈을 찾아 신중히 자리한다. 이러한 방식의 공생은 성수의 한 부분을 갈아엎는 대신 기존 성수의 여기저기에 새로운 점들을 찍고 있다. 물론 한쪽에 빼곡하게 찍혀 덕지덕지 눌어붙은 면을 이룬 '점들의 덩어리'가 아니다. 성수동1가와 2가 전체에 드문드문 찍힌 점, 이들은 성수 곳곳에 산발적으로 둥지를 틀었다. 또한 옆집 철공소 사장님과 협업하고 뒷집 인쇄공장 사장님에게 메뉴판를 맡긴다. 이런 이들이 천천히 채워가는 도시를 어떻게 한눈에 살펴보고 한 번에 설명할 수 있을까? 이 동네를 알아가려면, 이쪽에 한 점을 찍고 다시 저쪽에 점을 찍으러 가야 한다. 그러다 다시 이쪽으로 건너와 모르고 지나친 다른 점을 찍으러 가는 경우가 부지기수다. 평범해 보이던 이 동네에 숨겨진 점들을 찍고 또 찍다 보면, 이제 조금씩 알아가게 된다. '어라, 여기 진짜 재밌는 동네네?'

성수의 선:
일상의 선과 비일상의 탐험선

도시계획가의 개입 없이 재생된 성수. 이곳에 흩뿌려진 점들은 도시를 조금씩 바꿔왔다. 특히 기존의 맥을 파괴하지 않고 그 위에 덧찍힌 새로운 점들은 도시공간 곳곳에 강한 대비를 만들어 냈다. 낡은 공장 빈방에 자리 잡은 아기자기한 공방들과 시크한 아틀리에에서 작업에 몰두하는 청년들, 그리고 그 곁을 무심히 지나쳐 공장으로 들어서는 근로자의 모습이 겹쳐 보일 때 '낡은 것과 새로운 것'이라는 건축적 대비를 넘어 인생의 대비까지 고스란히 느낄 수 있다. 간판도 없이 그 아래 매달려 금방이라도 떨어질 듯한 문을 삐걱 열고 들어서면, 간판 따윈 없어도 되는 이유를 단번에 설명하는 감각적인 공간과 프로그램을 만나게 되는 경우도 흔하다. 과거와 현재가 나란히 있는 장면을 넘어 과거에 현재와 미래가 담긴 모습을 목격할 때 우리가 받는 충격은 작지 않다. 그 충격에 취해 실컷 놀다 나오면 다시 한번 너무나도 평온한 일상의 거리로 내뱉어진 느낌에 당혹스러울지 모른다. 이곳에서 살고 일하는 나 역시도 그러하다. 수십 번은 가본 대림창고에서 일렉트로닉 음악을 들으며 이름 모를 브루어리의 수제 맥주를 마시고선 카페 어니언에 빵을 사러 갈 때, 전혀 다른 두 세상 사이를 이동한 것 같은 이질감에 가끔 어리둥절하다. '도대체 여긴 어딘가?'

성수동의 일상은 도시를 만든다

성수라는 도시가 지닌 대비는 우리 주변 어디서도 찾아보기 힘든 고유한 감성이다. 이 감성의 근원은 인터넷에서 유명한 명소가 아니다. 오히려 아직 주인 자리를 빼앗기지 않은 일상적 공간인 주택, 학교, 직장, 학원, 공장, 공원 등에 기인한다. 성수역에 내려 지식산업센터로 향하는 직장인들의, 학교에서 학원으로 향하다 분식집에 들르는 학생들의, 백반집에서 밥을 먹고 공장으로 돌아가는 근로자들의, 서울숲에서 산책을 즐긴 뒤 반려견 목줄을 잡은 채 집으로 향하는 주부들의, 피혁거리에서 가죽을 사 공방으로 향하는 장인들의 움직임이 그려내는 촘촘한 일상의 선들이 성수의 밑그림이다. 그 위에 덧찍힌 새로운 점들과 그 점들을 옮겨가며 도시를 탐험하는 관람객이 그려낸 새로운 탐험선은 일상의 선과 교차하며 비로소 성수동이란 도시의 직물을 짠다. 이곳에서 저곳으로 점과 점 사이를 이어나가는 사람들과 그 과정에서 촉발되는 수많은 차원의 도시 경험, 그렇게 짜인 성수동의 면을 오늘 하루 놀러 온 친구에게 하나의 질서로 설명하는 것은 애초에 불가능한 일이었다.

성수의 면:
일상의 씨줄, 비일상의 날줄이 짜낸 면면

성수의 사람들은 점과 점을 오가고, 일상과 비일상의 선을 겹쳐가며 도시를 만든다. 그리고 그렇게 짜인 면(面) 위에서 우리는 수많은 성수의 얼굴(面)을 발견한다. 어찌 보면 너무나 당연한 도시의 모습 같지만, 이미 우리의 도시공간은 '경험하기'에 불친절한 구조로 변하고 있으므로 성수의 점·선·면은 소중하다. 뜨고 나면 옛 도시에 안면 몰수하고 외려 젠트리피케이션으로 확인 사살하는 '뜨는 동네'의 전철을 밟지 않은 이유 역시, 튼튼한 직물처럼 옛 씨실과 새 날실이 서로 얽혀 의지하는 도시 구조를 가졌기 때문이리라. 그리고 점·선·면의 도시를 경험하는 우리의 불확정적 경로와 무계획적 움직임이 도시공간 전체에 균질한 활력을 불어넣는다. 이러한 탈위계적 경험이 한 골목에 치중되지 않은 균형 잡힌 도시재생을 끌어내고 있다. 주거지에서 상권으로의 재구조화도, 허울뿐인 정부 주도 도시재생도 아니다. 성수를 바라보는 우리는 어쩌면 도시의 진화 과정이자 변태(變態)의 순간을 목격하는 중일지 모르겠다.

도시는 인공의 생산물이지만 하나의 생물체(organic)와 같아서, 사회적 상황의 변화에 따라 소멸하기도, 탄생하기도 한다. 하지만 대부분 도시는 소멸과 탄생이란 극단의 과정이 아닌 지속적 변모의 과정에 놓여 있고, 또 그러하기를 스스로 희망한다. 그리고 그 과정에는 수많은 이념이나 욕망과 함께 실천이 축적되기 마련이며, 다양한 요소의 개입은 고스란히 도시의 창조자인 인간에게 돌아와 그들 삶의 방향을 결정한다. 미국 도시학자 제인 제이콥스는 "도시는 개개의 물리적 요소보다 그들이 만들어내는 혼합(mixture)이 중요하다"라고 말했다. 그가 '성수동 한 달 살기'를 해봤다면, 장담컨대 이곳의 혼성이 만들어내는 독특한 분위기와 그 틈틈이 열린 다양한 교류, 조우의 현장에 박수를 보냈을 것이다. 성수야말로 시대를 아우르는 다양한 색의 점들, 그리고 그 점을 잇는 다채로운 층위의 선들이 삶의 면면을 만들어내는 '장(場)' 아닐까.

© 조혜원

5

성수미식회

토박이의 맛, 힙스터의 맛

공장지대의 높은 담벼락 위로 햇볕이 흐른다. 예리한 감각을 갖춘, 문화적 기호의 스펙트럼이 다양한 카페와 식당이 곳곳에 이웃해 있다. 그들은 주류에 대항하는 홍대 앞 펑크 또는 히피의 기수와 다르게, 주류와 공존하며 자신만의 콘텐츠를 통해 가치관을 표현한다. 볕이 걷히고 찾아온 저녁, 화려한 네온사인 대신 네모난 등불이 켜진다. 내실을 다지거나 흐름을 개혁한 곳에는 밤이고 낮이고 사람들이 북적인다. 그중 기본 20~30년은 족히 운영한 오래된 식당들과 성수동에 새롭게 깃발을 꽂은 전도유망한 식당들을 소개한다.

글 김하늘(외식컨설턴트, 라이스앤컴퍼니 대표)

외식 프랜차이즈, 로컬 푸드 콘텐츠 개발 등 먹고 사는 일을 기획하며 먹고산다. 쌀 가공 기술 개발을 중심으로 하는 푸드테크 스타트업 '라이스앤컴퍼니' 대표이자, 경제 주간지 〈이코노미조선〉에 '김하늘의 푸드 스트리트'를 연재하는 푸드칼럼니스트다.

토박이의 맛

노동자의 '소울 푸드'라 부를 만한, 성수동 골목의 뿌리 깊은 음식들을 모았다.

소문난성수감자탕
서울시 성동구 연무장길 45

어느 동네를 가든 감자탕집은 경찰 지구대처럼 한 군데는 꼭 있으며 24시간 내내 불을 밝힌다. 그곳은 밤낮이 따로 없는 인부들과 밤낮을 잊은 채 먹고 마시는 주당으로 가득하다. 감자탕에 대한 여러 탄생설이 있지만, 이를 모두 차치하더라도 감자탕이 노동자를 위한 음식이라는 것은 분명하다. 그들의 보양을 위해 돼지등뼈와 감자, 시래기를 넣고 푹푹 끓여 뚝배기에 옮겨 담아 팔던 '감잣국'은 여럿이 나눠 먹는 '감자탕'이 됐다.

1983년 문을 연 소문난성수감자탕은 성수동의 터줏대감이자 주당의 음주 집결지, 해장의 메카다. 가게 안은 7,500원짜리 '감자국식사' 한 그릇에 소주 한 병을 벗 삼는 주변 공장지대 노동자를 비롯해, 입소문을 듣고 찾아온 사람들로 가득하다. 냄비에서 펄펄 끓은 매운 냄새는 콧속을 자극하고 위장을 늘린다. 그 맛을 알고 신뢰하기 때문이다. 그 신뢰는 종종 깨지기도 한다. 뼈와 시래기를 우려낸 녹진함 대신, 다짜고짜 혓바닥을 폭격하는 조미료탕이 허다하니까. 하지만 이곳은 다르다. 10시간 우린 돼지고기 육수에 질 좋은 고춧가루, 구수한 감칠맛을 낼 들깻가루를 더해 끓인다. 뼈에 붙은 살점 위로 국물을 연거푸 부으며 살코기를 데우고 적신다. 뻘건 기름이 냄비 위로 오르고 살점이 툭툭 떨어져 나올 때쯤, 살코기를 냄비에 떨구고 뼈는 건져 사이사이 남은 살과 골을 집요하게 파 먹는다. 포슬포슬하게 익은 감자를 젓가락 끝으로 쪼개 입 안에 넣고 후후 식혀 입천장으로 뭉갠다. 우거지는 배추의 단맛과 육수의 얼큰함을 쭉쭉 뿜어낸다. 별미가 또 있다. 직접 숙성시킨 반죽을 떼서 수제비를 끓여 먹거나, 남은 국물에 향이 진한 참기름을 넣고 밥을 볶아 먹는 것이다. 여느 집들은 냉동 감자수제비를 내놓거나 참기름이 아닌 참깨 맛이 나는 '맛기름'을 쓰는데, 이곳은 그렇지 않다. 한 장 한 장 뜬 수제비가 폭신하게 씹히고 볶음밥은 허튼 맛이 겉돌지 않는다. 이름처럼 '소문날' 자격이 있다.

성수족발

서울시 성동구 아차산로7길 7

대기는 기본, 가게 안으로 머리를 들이밀기 전에 입구 옆 화이트보드에 이름부터 적어야 한다. 퇴근하자마자 족발집으로 출근한 직장인, 이미 해시태그를 생성하고 있는 인스타그래머 등 칠판은 족발 하나로 대동단결한 사람들의 이름으로 빼곡하다. 호명되는 이들은 마치 경기장에 뛰어드는 선수처럼 목을 풀고 어깨를 들썩이며 가게 안으로 비장하게 입장한다.

돼지가 족발물에 빠진 날, 경기장은 족발의 온기와 사람들의 열기로 가득하다. 접시 위로 팔뚝만 한 뼈와 살점이 차곡차곡 담겨 오른다. 시작을 알리는 휘슬이 울린다. 적당히 까무잡잡한 빛깔, 복원력이 훌륭한 탄성, 윤기가 흐르는 살점은 손바느질로 꿰맨 축구공처럼 다부지다. 온기를 품은 살점을 씹는다. 대개 '온족발'은 껍데기와 살점 사이의 지방부터 녹아버려 실축하곤 하는데 이곳은 다르다. 치아로 살코기를 다지고 지방을 녹이며 피부를 자르는 저작활동의 희열, 즉 정확한 '킥'이 있다. 달큰한 족발물이 배어든 껍데기와 쫀득한 지방이 달린 살코기를 새우젓에 살짝 찍어 거부하기 힘든 '단짠' 킥으로 승부수를 띄운다. 그리고 무생채와 마늘, 청양고추를 때려 넣고 옴팡지게 쌈을 싸서 한입에 욱여넣는다. 이때 맑은 콩나물국이 킥을 유연하게 받아넘기며 어시스트하고 환호의 맛으로 골인한다. 술잔의 몸뚱이를 연거푸 부딪치며 세리머니를 해댄다. 발목이 잘린 돼지의 발을 부여잡고 쫄깃한 껍데기를 악착같이 뜯어 먹으면, 어느새 경기 종료의 휘슬이 울린다. 흰 그라운드 위엔 게임을 끝낸 선수들이 벗어 던진 유니폼처럼 돼지의 빈 뼈만이 덩그러니 남아 있다. 처음부터 이기는 게임이었다.

대성갈비

서울시 성동구 서울숲4길 27

돼지갈비 골목. 이름만 들어도 황홀하다. 여기저기에서 지글지글 타오르는 캐러멜 향이 허기를 자극하며 애를 태운다. 색 바랜 '경성 고급 수입육 도매쎈타' 간판을 중심으로 대성갈비, 늘봄갈비, 뚝섬갈비 등 여러 곳의 돼지갈비집이 모여 있다. 유독 많은 사람이 몰리는 곳은 단연 대성갈비다. 이렇듯 사람들이 모여드는 까닭은 서울에서 흔치 않은 귀한 인심 덕분이다.

성수동 주민과 공장 노동자를 상대로 장사한 지 21년째. 아직까지 그들의 '점심 식권'을 보장하기 위해 오후 1시 이전에는 백반만 팔고, 돼지갈비는 그 이후부터 주문 가능하다. 갈비를 먹으려는 이들은 일찌감치 나와 줄을 선다. 기다림 끝에 입성한 가게엔 달콤한 회색 열기가 가득하다. 이모들의 시원시원한 안내에 따라 자리가 배정된다. 탁자 가운데 뚫린 화구에 벌건 참숯이 채워진다. 간장설탕 양념에 재운 돼지갈비는 스테인리스 양푼에 넉넉히 담겨 상 위에 오른다. 이어 양념게장, 굴무생채나물, 쌈 채소 등 돼지갈비를 최적으로 즐길 수 있는 반찬이 여럿 깔린다. 벌건 게 다리를 우적우적 씹으며 허기부터 달래고 석쇠 위에 고기를 얹는다. 갈색이 돌 때까지 자주 뒤집으며 애지중지 구워야 한다. 먹기 좋게 자른다. 불판 위에 굴려가며 골고루 태우듯 그을린다. 비계 달린 살점은 숯불에 구운 통마늘과 쌈장을 곁들여 입 속으로 직행하고, 퍽퍽한 살코기는 상추에 얹어 촉촉한 무생채와 함께 한입 가득 싸 먹는다. 그뿐만이 아니다. 봉긋하게 부푼 달걀찜과 시큼하고 얼큰한 김치찌개로 배 속을 두둑하게 채운다. 그러니 대성갈비에는 품이 넉넉한 옷을 입고 가는 것이 좋다. 푸지게 행복할 것이다.

5 / 성수미식회

힙스터의 맛

성수동의 미식 스펙트럼을 한껏 넓힌, 이 구역의 새로운 맛집들을 소개한다.

큐뮬러스
서울시 성동구 성덕정9가길 6

이태원 경리단길에서 인기몰이한 샌드위치 전문점 플랫아이언(Flat Iron)이 성수동으로 자리를 옮겼다. 작명 선물을 받아 새롭게 개명도 했다. 사진작가 이승재가 지은 '큐뮬러스(cumulus)'는 '켜켜이 쌓인 뭉게구름을 닮은 샌드위치'라는 의미다. 그래서일까. 과거 경리단길의 플랫아이언이 테트리스 블록을 빈틈없이 쌓아 올려 끝끝내 격파하는 듯한 파괴적인 맛이었다면 이곳은 다르다. 정교함은 여전하되 구름 같은 포근함과 사분한 가벼움을 선사한다. 심지어 메뉴도 매월 달라진다. 아래는 2월의 샌드위치 2종에 대한 감상이다.

먼저 타마고샌드위치. 구운 식빵과 달걀 케이크 사이로, 직접 만든 고추냉이 마요네즈가 이뤄낸 조합이 그야말로 폭신한 구름 위에 누워 빠져든 낮잠 같은 맛이다. 식빵은 구름 베개처럼 포근하며 노란 달걀 케이크는 사르르 녹아 사라진다. 이와 함께 곁들이는 양송이된장국과 다시마 드레싱으로 버무린 샐러드는 수채화처럼 옅고 가벼운 맛을 입 안에 흐트러뜨린다. 다음은 로스트비프샌드위치. 프랑스 AOP(Appellation d'Origine Protégée) 인증을 받은 버터로 구운 크루아상, 호주산 등심으로 만든 로스팅 비프, 어린 루꼴라와 말린 토마토를 조립한 이 샌드위치는 씹을수록 놀랍다. 연약한 크루아상이 두툼한 재료를 품었는데도 재료의 이탈 없이 안전하게 입 안으로 골인한다. 깐깐하고 치밀하게 계산한 결과다. 이러한 성격은 재료 선정에서도 그대로 드러난다. 유기농 베이커리 뺑드에코(Pain de Écho)에서 천연발효빵을, 천연소다 브랜드 온어락소다(On A Lark Sodas)가 만든 레몬라벤더와 진저로즈를 공급받아 샌드위치와 함께 내준다. 최선을 조합해 최고를 만든다.

팩피

📍 서울시 성동구 왕십리로 136

"드디어 성수동에도 맛있는 파스타집이 생겼다!" 팩피가 오픈하자마자 성수 피플은 하나같이 기쁨의 탄성을 내질렀다. 인스타그램과 블로그를 통해 인증샷과 입소문이 급속도로 퍼졌고, 2019년 〈미쉐린 가이드〉의 빕구르망(Bib Gourmand, 합리적 가격에 훌륭한 맛을 두루 갖춘 식당에 부여하는 등급)으로 선정됐다. 하지만 팩피를 그저 가성비 좋은 파스타집으로만 치부하기엔 너무 시시하다.

'Freaking Awesome Good Pasta'의 줄임말인 팩피는 말 그대로 '끝내주게 맛있는 파스타'라는 뜻이다. 이곳은 입구부터 강렬하다. 붉은빛이 도는 오렌지색 대문이 열리면, 원색의 엔지니어 보디 슈트를 차려입은 셰프가 파스타를 만들고, 직원들은 깍듯이 환영 인사를 한다. 바 테이블로 구성된 내부는 '혼밥'을 즐기기에도 적합하다. 다양한 메뉴 중 고수스파게티니가 가장 인기다. 동남아의 그린커리를 연상시키는 이 음식은 맛부터 모양새, 먹는 법까지 재미있다. 접시 한쪽엔 코코넛밀크에 버무린 스파게티와 향긋한 고수를, 다른 한쪽엔 고수 퓌레를 얹고, 고수 오일을 휘휘 뿌려 마무리했다. 처음 보는 비주얼이다. 포크에 돌돌 말아 한입 꽉 차게 넣는다. 고수의 향긋함과 코코넛밀크의 부드러움을 중심으로, 결 대로 찢은 닭가슴살과 따뜻한 오이 조각까지 조화롭게 어우러진다. 브라운 버터로 볶은 오징어, 견과류, 리가토니(rigatoni, 튜브형 파스타)를 토치로 그을리고, 불이 닿은 레몬 반 조각을 죽 짜서 비벼 먹는 오징어리가토니 또한 인기 메뉴다. 접시마다 재미와 위트가 넘친다.

할머니의 레시피

📍 서울시 성동구 서울숲6길 15-1

스스럼없이 찾아온 어느 포근한 봄날, 통유리창으로 연두색 마당이 내다보이는 단독주택에 앉아 가만히 한 끼를 맞이한다. 내 앞에 차려지는 음식이 무엇이든 상관없다. 그것이 가장 보통의 메뉴라 해도 가장 특별하게 느껴진다. 할머니의 레시피로 정성스럽게 지은 따뜻한 밥상이라면 더더욱.

할머니의 레시피는 말 그대로 '할머니의 레시피'로 음식을 만든다. 8년간 해외에서 근무했던 손자는 할머니의 숨뼈국이 그리워, 할머니의 맛을 이어받은 어머니께 비법을 전수받아 이 식당을 열었다. 전라남도 지역의 할머니 댁에 찾아갈 때마다 할머니는 멀리서 온 자손들을 위해 숨뼈국을 끓여주시곤 했다. 육수가 진하게 우러나는 갈빗대의 끝부분을 12시간 푹 고아 고사리와 토란대 등 삶은 나물을 듬뿍 넣어 끓이셨는데, 집안 사람들은 이걸 숨뼈국이라 불렀다. 할머니의 음식이자 가족만의 음식이었고, 전라남도 지역의 향토 음식도 아니었다. 그저 할머니의 레시피로 조리하고 이름 붙인 것이다. 손자는 잡뼈를 질 좋은 사골로 대체하고 양지와 사태를 추가해 할머니의 레시피를 더 풍성하게 완성했다. 꼭 숨뼈국을 찾는 단골도 많지만, 쌈밥정식 또한 인기가 좋다. 싱싱한 쌈 채소와 함께 낙지젓갈, 갈치젓갈, 가리비젓갈 등 충청남도 강경에서 올라오는 세 가지 젓갈이 입맛을 돋운다. 여기에 달짝지근한 제육볶음과 된장국, 그리고 고봉밥까지. 이곳의 음식을 먹으면 나를 귀여워해주시던 할머니가 떠오른다. 맛이 소환하는, 가장 특별해진 가장 보통의 기억이다.

6

레트로 성수

새로운 낡은 미래

살아온 곳과 활동하는 곳이 일치하는 사람은 많지 않다. 일과 삶이 분리된 도시인이라면 더 그렇다. 여기, 유년 시절의 성수동을 오롯이 기억하는 토박이들이 있다. 공인중개사와 지역 활동가. 서 있는 곳은 달라도 마음은 같다. 자라난 동네에 대한 애정을 물감 삼아 그들이 그려낸 성수 이야기.

글 김작가

흙길을 뛰놀던 아이, 땅을 가지고 일하다:
공인중개사 우동준

성수동은 조선 왕실과 관련이 깊다. 카페들이 즐비한 연무장길은 병사들이 무예를 연마하던 곳이다. 왕은 정자에 올라 군을 사열했다. 한강 변에서 지척인 그 정자의 이름은 성덕정(聖德亭), 성덕정길의 유래다. 성수동에서 중랑천을 넘어 한양대학교로 가기 위해서는 살곶이다리를 지나야 한다. 이 지명의 유래를 찾아보면 다음과 같다. 왕위 계승 문제에서 비롯된 아들 태종과의 갈등으로 함경남도 함흥에 머물던 태조는, 우여곡절 끝에 한양으로 돌아오다가 이곳에서 자신을 마중 나온 태종에게 활을 쏘았다. 그러나 태종이 차일을 치기 위해 세운 큰 기둥 뒤로 몸을 피하는 바람에 화살은 그 기둥에 꽂히고 말았다. 이에 태조가 천명임을 말하면서 이곳을 '살곶이'라 부르게 되었다고 한다.

성수동 골목에서는 1980년대의 정취를 찾을 수 있다

1991년 학력고사를 앞두고 이 다리를 건너 한양대학교 앞 프린스호프에서 백일주를 마셨던 고등학생은 세 살 무렵인 1970년대 중반부터 이 동네에 살았다. 일곱 식구가 살던 한옥은 지금 그의 사무실이 있는 상가주택이 됐다. 그 자리에서 초등학교부터 대학교까지 모두 마쳤다. 결혼 후 분가했지만, 여전히 이 동네에 살고 있다. 그가 기억하는 1980년대 초반의 성수동은 공장과 한옥이 많은 마을이었다. 세상 사람들은 이 동네를 성수동이라는 공식 지명보다 뚝섬으로 더 많이 불렀다. 서울 경찰기마대가 있었기에 말을 탄 경찰들이 순찰을 다니곤 했다. 흙길 구석에선 말똥이 굴러다녔다. 이 일대에서 가장 비싼 아파트인 갤러리아포레 주변은 과거에 온통 호박밭이었다. 그는 공장이 몰려 있는 성수2가에 있던 주산학원, 웅변학원에 다녔다. 학원을 마치고 집으로 돌아갈 무렵은 언제나 영화 〈변호인〉에서 볼 수 있었던 국민의례 시간이었다. 걸음을 멈추고 가슴에 손을 올리고 있노라면 종종 노을이 보였다. 고층 건물 하나 없이 시야가

새로운 낡은 미래

확 트인, 그 붉은 하늘이 40년 가까이 지난 지금도 기억 속에 선명하게 남아 있다. 성수동 토박이인 '타임 공인중개사 사무소' 우동준 대표가 추억하는 옛날 성수동 풍경이다. "중학교 때인 1980년대 후반까지만 해도 밭이 남아 있었고 농사짓는 사람들이 있었다. 동네 친구들끼리 놀러 간다고 하면 장소는 대부분 중랑천변 뚝방길이었다. 좀 노는 애들은 한강 둔치 가서 본드도 불고. 그땐 치안이 안 좋았으니까. 좀 더 험하게 노는 친구들은 화양리 가서 오토바이 타고 그랬다. 나는 모범생이라 학교에서 농구 하고 놀았지(웃음). 성수동이 교통의 요지다 보니 서울 웬만한 곳은 다 놀러 가기 편하다. 그러니 돈 많은 사람은 강남으로 갔을 것이고, 돈 없는 사람은 화양리로 갔다."

중학교 때까지 남아 있던 밭에 주택이 들어서기 시작하고 단층 건물 일색이던 스카이라인에 아파트가 올라섰다. 재건축을 앞둔 동아아파트는 당시 성수동에서 부의 상징이었다. "국민학교 때 좋아했던 여자애가 거기 살았다. 그 근처를 서성이면 경비 아저씨가 나가라고 해서 상처 받았던 기억이 난다." 성수동에는 공인중개사 사무소가 많다. 대부분 한강변 재개발을 좇아 들어온, 뜨는 동네의 전형적 업체들이 절대다수다. 성수동 일대의 역사를 지도 한 장 펼쳐 놓고 줄줄 읊을 수 있는 사람은 그가 유일할 것이다. 그렇기에 이 동네를 알고자 하는 사람들을 대상으로 한 트레킹에서 그는 가이드를 자처한다. 그와 차를 타고 동네 한 바퀴를 크게 돌았다. "여기가 이승엽 선수 빌딩이고, 저 끝의 하얀 건물이 배우 이시영 씨 건물. 그리고 원빈·이나영 씨 집은 저쪽 블록에 있고, 배용준 씨가 하는 카페는 저쪽에 있다던데." 여느 부동산 업자가 이런 말을 했더라면 딱 성수동의 투자가치 이상으로는 들리지 않았으리라. 평생 살아왔고 앞으로도 계속 살아갈 토박이만이 가질 수 있는, 은근한 자부심이 말끝에 묻어 있었다.

힙플레이스로 거듭난 연무장길의 원형을 느낄 수 있는 건물

**세월의 흔적 위에 지속 가능한 미래를:
문화기획자 김강**

대림창고를 중심으로 형성된 카페 거리를 지나 작은 교차로를 건너면, 그 전까지의 힙한 풍경은 온데간데없이 사라진다. 금은방과 춤 교습소, 미장원과 잡화점 간판에는 세월의 때가 눅진하다. 대진운수 종점을 둘러싼 오래된 다세대주택들 사이를 걷고 있노라면 마치 타임머신을 타고 〈응답하라 1988〉(tvN)의 시대로 온 것 같다. 이 착각의 한복판에는 낡고 쇠락한 전통시장이 있다. 뚝도시장, 성수동의 새 물결과는 아득한 거리가 느껴진다.

조선이 한양을 도읍으로 정한 이래 강원도 산간에서 벌목한 나무, 가마에서 구운 숯은 한강을 통해 운송됐다. 한강 서쪽에 마포나루가 있었다면 강동의 물류 집합지는 뚝섬나루였다. 물자가 있는 곳에 사람이 모이고 사람이 모이면 장이 들어서는 법. 숯장이들은 지게에 숯을 실었고, 주린 배를 채울 장국밥집들이 자리를 폈다. 남대문, 동대문 시장과 함께 서울 3대 시장으로 꼽혔던 뚝도시장의 시작이다. 이곳이 본격적인 시장이 된 건 20세기 초라고 하지만, 법정 등록된 건 1962년이다. 그만큼 이용하는 사람이 많았다는 이야기다. 하지만 지금의 모습에서 그 '리즈 시절'을 읽기는 힘들다. 어느 일요일 오후, 바로 옆에 있는 이마트는 가족 단위 주민들로 바글거렸지만 뚝도시장은 대개 문을 닫거나 한담을 나누며 소일하는 상인들밖에 보이지 않았다. 이 동네에서 40년가량 살았다는 한 아주머니의 "예전에는 이 시간에도 사람이 들끓었지"라는 무심한 말로 화려했던 시절을 짐작해본다. 하지만 이 짐작은 반만 맞다. 뚝도시장 안에도 새로운 물결이 잔잔하게 흐르고 있기 때문이다.

이곳에 새로운 가능성의 씨앗을 심은 사람들이 있다. 예술과도시사회연구소 소장이자 미술가, 그리고 뚝도시장 청년상인 사업단장이자 성수동 토박이인 김강이 그중 하나다. "1986년이었나. 고등학교 때 성수동으로 이사 왔다. 그때는 다들 뚝섬이라고 했는데, 중랑천에서 냄새가 진짜 많이 났다. 여름에도 창문을 못 열었다. 집 근처에 바로 경마장이 있었는데 주말이면 버스가 다니지 못할 만큼 차가 막혔다. 요즘의 정체와는 비교도 안 됐다." 그가 할머니 따라 들락거리던 뚝도시장엔 방앗간이 유독 많았다. 새벽마다 붉은 '고무 다라이'에 가래떡이 뽑혀 나왔다. 그 방앗간 중 많은 곳이 커피숍으로 변했다.

유학을 마치고 돌아왔을 때 동네는 변해 있었다. "1980년대 초반부터 지은 연립주택 반지하의 주민들이 바뀌어 있었다. 프랑스에서 돌아왔는데 골목마다 이주노동자들이 자전거를 타고 다녔다. 원래 성수동이 노동운동이 강했던 곳이다. 서쪽에 구로공단이 있다면 동쪽엔 성수가 있었다. 그런데 한국 사회 산업 구조가 바뀌면서 공장들이 문을 닫았다. 노동운동도 쇠퇴했다. 그때 주민운동이나 빈민운동 하던 분들도 있었는데, 그런 분들이 지역운동을 시작했다. 지금 공부방, 지역 아동센터 등의 근간이다. 동네에서 뭘 할 수 있는 인적 자원이 풍부했다." 그들과 함께 뚝도시장 연구서를 발간하고 문화 프로젝트를 시작했다. 오세훈 전 서울시장의 '한강 르네상스 계획'으로 묶인 뚝도시장 일대에 투기꾼들이 몰렸다. 2층에 집을 두고 1층 점포에서 장사하던 이들이 투기꾼들에게 건물을 팔았다. 그들은 재개발만 기다리며 세입자를 들일 생각도 하지 않았다. 시장은 자연스럽게 낙후됐다. 과거형으로 끝날 것 같던 뚝도시장에 새로운 동력을 이식한 첫 행사는 사냥축제였다. 과거 이 지역이 왕의 사냥터였던 것에 착안, 시장 길을 막고 동네 축제를 만들었다. 성수동에서 열린 첫 지역 축제다. 2015년에는 활어축제를 열었다. 한강이 가깝다는 점과 뚝섬이라는 이름을 살려 기획했다. "서해 5도에서 어부들이 9시간에 걸쳐 활어잡이 배를 몰고 왔다. 반응이 좋으니 그 후 공무원들이 자기들끼리 했는데 그 결과는…." 성수역 앞부터 붙어 있는 뚝도활어시장이라는, 다소 생뚱맞은 간판의 유래다.

어느 지자체나 전통시장 활성화를 고민한다. 이 문제를 푸는 가장 쉬운 방법은 청년상인을 유치하는 것이다. 보통 옛 시장에 들어온 새 가게들은 확 튄다. 인스타그램용 사진 촬영에 최적화된 메뉴와 인테리어로 입소문을 노린다. 뚝도시장의 청년상인은 그 길을 택하지 않았다. 수제 맥줏집인 슈가맨, 연예인들도 찾는다는 서울맛집 등 여기도 청년상인이 운영하는 가게들이 있지만 다른 전통시장에 비하면 원래 그곳에 있었던 듯 느껴진다. "시장 안에 녹아들게 하고 싶었다." 그래서 뚝도시장의 젊은 가게들은 이 오래된 풍경과 화학적으로 결합할 수 있었다. 그는 '힙'과 거리가 먼, 예전 서울의 느낌을 잘 간직한 뚝도시장을 '서울 속 내 고향'이라고 표현한다. "시골 사람들 같다고 할까. 외지인에 대해 텃세도 있고 배타적인 면도 있다. 그러다가 친해지면 너나없이 무엇이든 나눠주고, 숟가락이 몇 개 있는지 속사정을 훤히 공유한다. 대도시의 특징을 익명성이라고 한다면, 여기는 그에 반한다. 작은 마을 같다." 새로운 레트로, 즉 뉴트로의 시대다. 새로운 힙플레이스는 유행에 따라 생기고 또 사라질 것이다. 트렌드의 속성이다. 하지만 레트로라는 단어에 담긴, 일상적 공동체의 가치는 쉽사리 물살에 휩쓸려가지 않을 것이다. 뚝도시장 청년들은 그 사실을 알고 있다.

도시변태

성수동의 옛 창고와 공장은 힙스터들이 즐겨 찾는 SNS 핫플레이스 카페로 성공적인 변신을 꾀했고, 공연장과 갤러리를 갖춘 새로운 복합문화공간이 과거 신발공장의 영화를 대신한다. 이에 더해 블루보틀커피 1호점이 성수에 개점하며 '힙스터의 성지'로 위상이 높아지고 있다. 그런데 힙(hip)은 무엇이며, 힙스터(hipster)는 대체 누구인가? 그리고 성수는 어쩌다 그들의 타깃이 되었을까.

성수에는 없는, 성수에만 있는

글 채건호(삼성전자 디자인경영센터 사용자경험(UX) 디자이너)

여행작가, 미술관 컨설턴트라는 독특한 이력을 가지고 있으며 현재 삼성전자 디자인경영센터 사용자경험(UX) 디자이너로 재직 중이다. 독특한 시각으로 도시를 살아가는 사람들의 경험을 디자인하고, 이를 새로운 서비스와 제품으로 만들어낸다. 그리고 간간히 글을 쓰고 여행을 떠난다.

성수의 야경은 지하철 2호선이 가로지른다

성수에는 없는, 성수에만 있는

힙스터의 탄생

힙스터는 뉴욕 맨해튼의 젠트리피케이션으로 인해 밀려난 젊은 예술가와 지식인이 브루클린의 윌리엄스버그로 이주하면서 나타났다. 새로운 문화와 진보적 정치 성향을 지닌 그들은 기성세대의 단일화·대량화된 소비 패턴을 거부했다. 또한 조금 더 자연과 가까이하며 지역 커뮤니티를 중심으로 생활하는 대안적이고 비주류적인 삶의 방식을 택했다. 2004년 윌리엄스버그에 살던 로버트 랜햄이 『힙스터 핸드북(The Hipster Handbook)』을 발표한 후 힙스터라는 용어가 널리 사용되었고, 대량 생산과 대중문화에 대한 반발과 함께 새로운 사회문화의 중심으로 등장했다. 그들은 남들과 다른 취향을 기반으로 단순한 경제적 선택이 아닌 자신들의 믿음에 근간한 차별화된 소비를 지향했다. 많은 예술가와 유명인이 이러한 라이프스타일을 지지하며 새로운 도시문화 현상을 주도했다. 하지만 이들의 라이프스타일을 맹목적으로 따르는 20~30대가 증가하자 결국 유사한 상표의 옷을 입거나 비슷한 인테리어의 카페에서 음료를 즐기며 획일화된 모습을 보인다는 비판에 직면했다. 이러한 모습은 이후 전 세계적으로 힙함, 즉 대안적이고 새로운 소비를 추구하는 방식의 유행으로 번졌다. 한국도 예외는 아니었다. 홍대와 이태원을 중심으로 젊은 예술가들은 대안적 예술문화를 누리고, 기존의 대형 가맹점을 거절하는가 하면 끊임없이 새로운 장소나 자신들이 소비할 수 있는 공간을 갈구했다. 그들은 이를 지속해서 소비함과 동시에 주변 사람은 물론 SNS를 통해 불특정 다수에게 자신의 삶을 노출하고 본인이 가진 가장 최신 정보를 공유했다. 즉, 한국의 힙스터는 언제나 새로운 것을 찾고, 이를 적극적으로 소비해 그 결과를 SNS에 공유하는 '오피니언 리더'와 '관종'의 상반된 모습을 모두 지닌 신인류를 지칭하게 되었다.

블루보틀커피 성수점

성수 힙스터의 탄생

젊은 작가의 향기가 가득한 성수동 작업실, 그리고 낡은 창고와 공장 위에 덧입혀진 현대적 디자인의 모순된 배치는 한국 힙스터의 구미를 자극할 수밖에 없다. 이들이 적극적으로 찾는 성수동의 카페와 음식점은 어느덧 대중이 동경하고 가야 하는 공간으로 자리매김했다. 그런데 어떤 이유에선지 성수동에서 소비하는 시간은 짧고 단조롭다. 사람들이 경험하는 성수는 결국 로스터리 커피, 아보카도와 퀴노아를 듬뿍 얹은 브런치, 독특한 이름이 붙은 수제 맥주에 불과한 게 아닐까. 그리고 그 배경은 과거 공장을 개조한 인더스트리얼 스타일의 공간 혹은 작은 주택 사이에 파고든 독특한 가게가 전부다.

성수에서만 할 수 있는 경험은 거의 존재하지 않는다. 정작 그들이 경험하는 것은 힙스터의 단골 카페와 식당이며, 이는 과거 그들이 즐겨 찾던 홍대나 이태원의 그것과 크게 다르지 않다. 심지어 그중 일부는 서울 전역에 있는 가맹점 혹은 유명 가게의 분점일 뿐이다. 결국 현재의 힙스터가 만든 힙한 성수동은 실제 산업, 특히 추억 속 신발공장의 이미지만 소비할 뿐이다. 그 이미지가 담긴 식음료의 소비는 해당 지역을 방문하는 사람들의 여가를 지루하게 할 뿐 지속 가능성을 보장하지 않는다. 또한 본래 지역에 거주하거나 일하는 주민과의 이질성을 도드라지게 해 결국 또 하나의 일시적 소비 장소가 되는 결과를 초래할 수 있다. 소설가 김사과가 2011년 칼럼 '홍대 앞 좀먹은 힙스터들, 다음 타깃은 이태원?'에서 예견한 바와 같이 힙스터들은 현재 지역이 가진 이미지만 소비한다. 그리고 대중이 그곳의 매력을 발견할 때쯤 새로운 소비재를 찾아 언제든 떠날 준비가 되어 있다. 그들이 홍대에서 이태원으로, 경리단길에서 성수로 이동한 것처럼 말이다. 결국 지속할 수 있는 지역 발전을 위해선 단순히 새로운 이미지에 의존하는 '힙'이 아닌 지역 고유의 경험과 본질적인 '흥(즐거움)'이 중요하다. 현재의 성수동에는 없는, 하지만 성수만이 가질 수 있는 지속 가능한 흥을 위한 네 가지 경험 요소를 살펴보자.

지역사회와의 접점(Community)

흔히 성수를 과거 공장지역에 힙한 카페와 음식점이 들어온 신규 상업지구로 인지한다. 하지만 이곳은 여전히 성업 중인 소규모 공장과 운수 창고, 크고 작은 기업이 공존하는 업무지구다. 주말과 평일 저녁에 성수를 찾는 이들이 이곳을 움직이는 중심 계층일 거라는 착각과 달리, 성수는 아침에 대규모 인력이 몰려들고, 그들 모두가 밤에는 이곳을 떠난다. 즉, 이곳의 주인공은 힙스터가 아니라 근로자다. 이는 한국의 트렌디한 지역과 차별화된 큰 특징이다. 하지만 현재 성수의 지역문화는 이들을 배제한 채, 서울의 여느 지역과 같은 서양식 식음료와 이색적인 상점으로 지역의 경험을 국한시킨다. 주변과의 자연스러운 어울림을 추구하는 동시에 여타 동네와 차별화되기 위해서는 지역산업과 연계된 경험을 만들어야 한다. 문래동 예술가들이 그 동네 철재상이나 공장과의 교류를 통해 새로운 작품 활동과 축제를 개최하는 모습, 또는 지역사회의 상업화 속에서 서점을 요구하는 커뮤니티의 힘을 모아 브루클린 중심에 대형 서점을 연 그린라이트 같은 사례는 성수의 지역 경험에 변화의 단서를 제시한다.

제3의 공간(The 3rd Space)

성수동엔 유난히 크고 넓은 건물이 많다. 산업화의 역사를 등에 업고 현재도 운영 중인 대형 공장과 창고는 다른 동네에서 볼 수 없는 매력적인 공간이다. 하지만 현재 이 공간들은 성수의 상업화와 함께 대부분 대기업 자본의 카페, 식당, 공연장, 전시장으로 용도가 제한된 채 존재감을 제대로 발휘하고 있지 못하다. 본질적으로 넓은 공간은 그 자체로 엄청난 힘을 가진다. 고대 그리스의 민주주의가 태동한 아고라에서 볼 수 있듯, 대중의 의견을 교류하고 그들의 힘을 보여주는 공간이다. 그와 동시에 새로운 문화를 받아들이고 전파하는 기능을 담당한다. 성수가 지닌 이 거대한 공간이 지역 사람들에게 대화와 교류의 장을 제공하거나 새로운 문화를 선보이기 위한 기회의 공간이 아닌 단순히 문화의 전시장으로 전락했다면 지나친 해석일까? 이는 지금 운영 중인 카페와 식당을 부정하는 것이 아니다. 단지 상품의 소비 기능만을 담당하기엔 그 공간이 품은 잠재력이 아깝기 때문이다. 때론 주변 농가의 식자재를 판매하는 파머스 마켓(Farmer's market)이 되고, 주변 제조업의 박람회 장소가 되어야 한다. 때론 지역사회가 참여하는 살롱의 기능을 동시에 수행해야 한다. 그렇게 된다면 이 공간들이 성수에서만 경험 가능한 문화의 중심이 되어 '제3의 공간'으로 기능할 것이라 믿는다.

다양성에 기반한 선순환의 생태계
(Virtuous Ecosystem)

앞서 말한 바와 같이 현재 성수를 찾는 이들의 일상은 단조롭다. 레스토랑에서 브런치를 즐기고, 인스타그램의 성지라 불리는 카페에서 커피를 마시며 주변 가게에서 쇼핑을 한다. 그 이후는 특별할 것이 없다. 유흥을 즐기기 위해 가까운 건대 근처로 넘어가거나 강 건너 청담으로 향한다. 흔히 성수와 비교되는 브루클린이나 베를린의 이스트사이드는 다양한 문화공간과 그 사이의 녹지를 활용한 휴식공간이 조화를 이룬다. 또한 지역사회와 연계하는 크고 작은 축제와 벼룩시장도 열린다. 지역 협회의 토론장, 북클럽, 취미 모임과 같은 중소 규모 커뮤니티가 물리적 공간의 단조로움을 경험의 다양성으로 상쇄한다. 하지만 다양성만으로는 충분하지 않다.

지역이 주는 경험의 지속 가능성을 확보하기 위해서는 소비가 중심이 되어서는 안 된다. 지역이 자체적으로 선순환되는 생태계 구축이 필요하다. 젠트리피케이션의 결과로 등장한 과잉 상업화, 이로 인한 지역의 쇠퇴를 막으려면 지역 자체에서 생산과 소비가 동시에 이루어져야 한다. 생산시설과 연계된 신규 유입 인구(젊은 예술가, 소규모 상공인)의 지속적 생산을 담보할 수 있는 지자체의 지원과 이를 가능케 하는 물리적 도움이 필요하다. 이것이 지역 콘텐츠와 결합되어 내부에서 소비되어야 한다. 또한 지역에 진출하는 기업 역시 단순 소비를 위한 공간만 제공하는 것이 아니라 지역과 연계된 생산이 가능한 공간으로 개발하려는 노력이 필요하다. 동베를린의 방치된 대형 맥주 양조장 건물을 기업과 지자체가 연합해 문화공간이자 상업지역으로 개발한 '쿨투어 브라우어라이(Kultur Brauerei)'의 사례를 참고하자. 단순한 문화공간만으로는 생존과 자립이 불가능하고, 상업지역으로만 사용하기에는 젠트리피케이션을 피할 수 없다고 판단한 것이다. 해당 사례를 살펴보면 일부는 문화공간으로 사용하되 나머지 80% 공간을 교육 기관과 디자이너의 아틀리에로 만들어 선순환적인 생산과 소비를 장려했다. 그와 동시에 기업의 비즈니스를 위한 사무실 및 상업지역으로 개발했다. 상업화라는 추세를 거스르지 않되, 자체적으로 생태계를 구축한 사례들은 성수의 지속 가능한 청사진의 밑그림이 된다.

24시간 불 켜진 도시(Always on)

성수에 필요한 경험 요소 중 마지막은 '시간'이다. 현재 성수동 지역경험의 시계는 밤이 되면 끝난다. 모두 퇴근한 그 자리에는 간혹 열리는 기업 행사, 몇몇 가게만이 그 자리를 지키고 있다. 지속 가능한 지역경험에 있어서 24시간 살아 있음은 필수다. 도시는 끊임없이 호흡하고 발전해야 한다. 이는 단지 밤에 문을 여는 술집이나 클럽의 수를 늘려야 한다는 의미가 아니다. 지역을 움직이는 사람들의 보금자리가 되어주고, 그 안에서 공존하고 있음을 느껴야 한다. 또한 이를 찾는 사람들이 언제든 그곳을 경험할 준비가 되어 있음을 뜻한다. 지금의 성수의 시계는 시작과 끝이 너무나 명료하다. 앞서 언급한 네 가지 경험 요소를 바탕으로 성수에서만 경험 가능한 콘텐츠가 24시간 지역과 더불어 숨 쉴 수 있기를 바란다.

성수동의 밤을 밝히는 어메이징브루잉컴퍼니

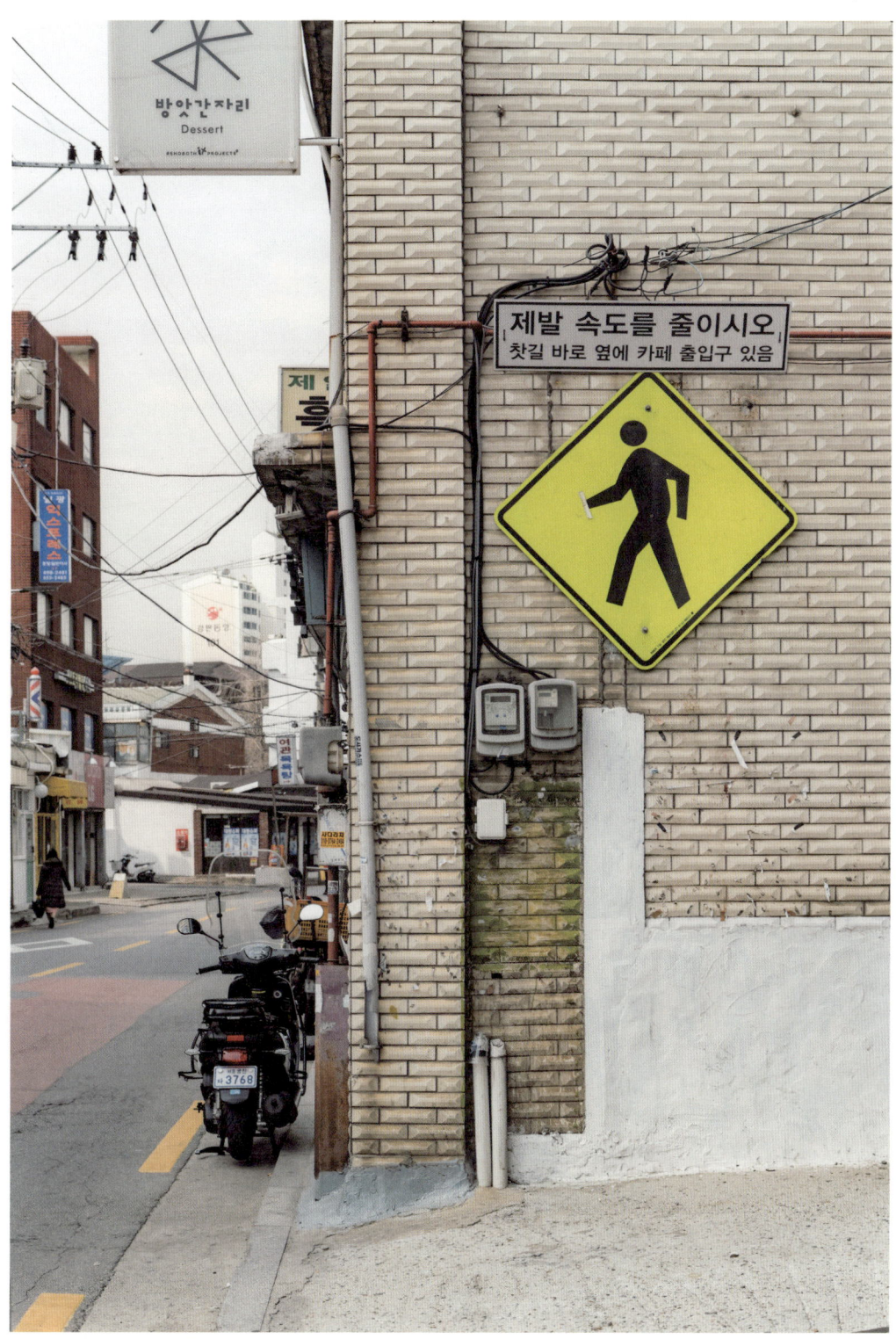

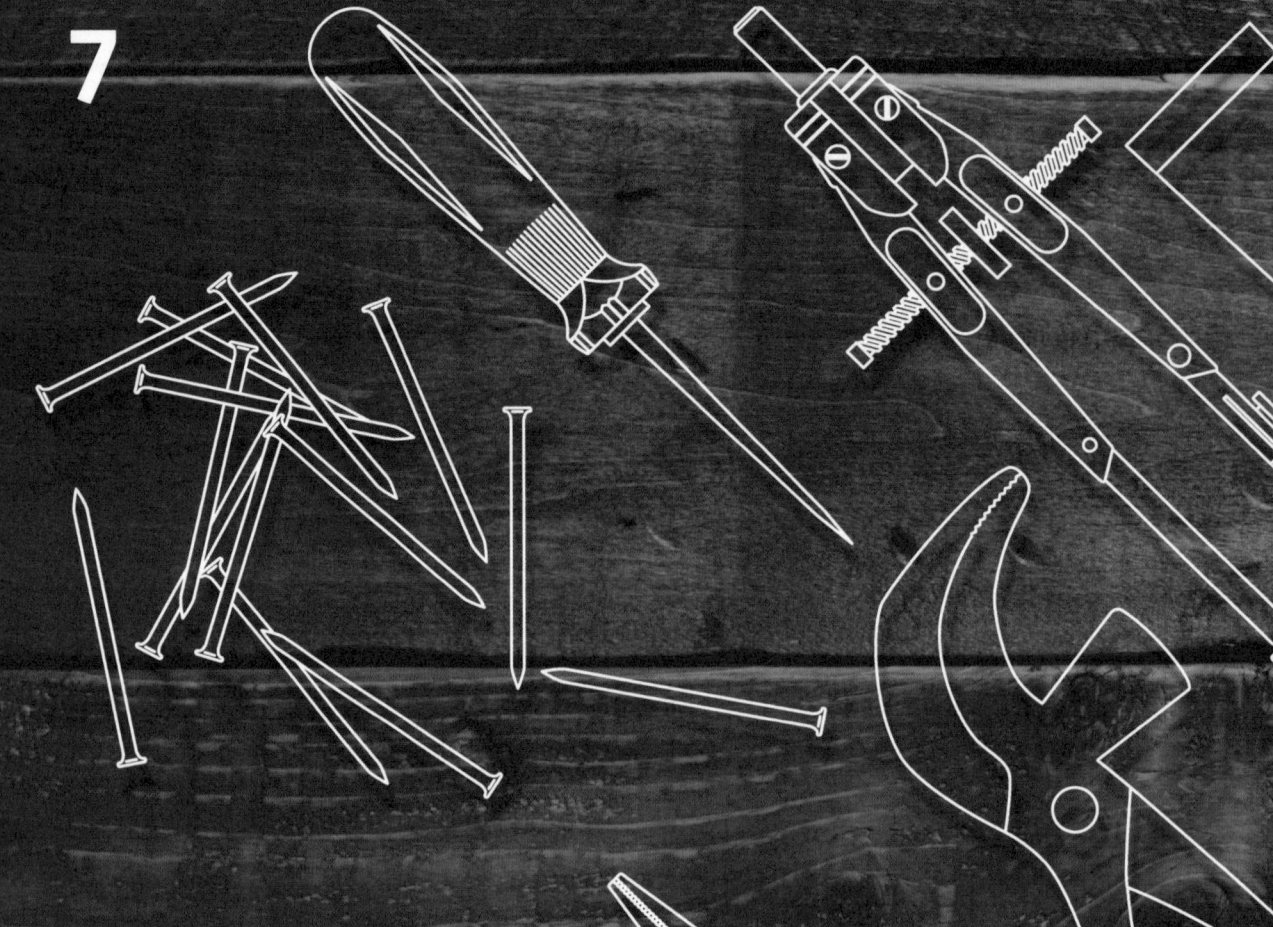

7

OLD&NEW
전통제조산업

성수동은 전통적인 제조산업의 터전이다. 서울 시내와 강남 모두 접근성이 좋다는 입지 조건이 이곳에 지금까지 많은 공장이 남아 있는 요인이다. 성수동의 전통제조산업은, 도심의 준공업지역답게 소비지와 가까워야 하는 인쇄업과 수제화 그리고 수제화를 위한 가죽산업 등을 중심으로 발달했다. 성수동엔 힙플레이스만 있는 게 아니다. 지금도 공장에서 기계가 돌아간다. 많은 노동자가 이곳에서 일한다. 오랜 세월 성수동을 만들어왔던 사람들, 그리고 앞으로의 성수동을 만들어 갈 사람들이 있다.

글 김작가

* 인터뷰의 현장감을 최대한 살리기 위해 일부 비문을 그대로 사용했습니다.

OLD&NEW

다시 태어나도 구두를 만들겠다
유홍식

우직한 손길은 멈추지 않고 말에는 확신이 넘친다. '반세기'를 구두만 알고 살았다. 문재인 대통령, 박원순 서울시장 등이 그의 구두를 신는다. 1949년 출생. 열세 살 때부터 구두를 만들었다. 수제화 명장 1호 유홍식 장인의 고집 센 모놀로그.

집안은 유복했는데 어릴 때부터 뭘 만드는 게 그렇게 좋았어. 그래서 공부를 안 했지. 우리 선배가 명동에서 구두를 했는데, 열세 살 때 시골에서 올라와 무작정 찾아가서 이거 배우겠다고 했지. 그때는 전화도 드물 때니까 숨으면 못 찾았거든. 1년 만에 집에 가서 아버지한테 "나 이거 할란다" 졸라서 허락받고 정식으로 시작했어. 열아홉 살 때부터 '선생님' 소리를 들었지. 그때는 구두를 지금보다 더 많이 신었어. 나이키 운동화가 나오면서 구두가 침체된 거야. 중·고등학생들도 학생화를 신었어. 그래서 구두 하는 분들이 돈벌이를 잘했지. 성수동은 2002년에 들어왔어. 일 배워서 광주 가서 하다가 IMF 때 다른 사업을 했는데 실패했어. 그래서 다시 서울로 올라온 거야. 성수동에 자재, 기술자가 다 모여 있었지. 그때는 서울 시내하고 제일 가까운 공업지대가 여기였잖아. 염천교에도 구두가 많지만, 거긴 기성화야. 삼류지.

술·담배를 평생 안 했어. 스트레스? 일로 풀었지. 신발이 내 인생의 전부니까 새로운 신발을 연구하면 스트레스가 풀려. 남이 안 만드는 신발을 만들어야 해. 외국 명품에서 모티브를 얻는 것도 아니야. 완전히 독창적으로 무(無)에서 유(有)를 만드는 거지. 일단

전통제조산업

작업 중인 유홍식 장인

구두는 발이 편해야 해. 그러려면 손님의 발 사이즈를 잘 맞춰야지. 기본인데 그게 제일 어려워. 50년 넘게 했어도 손님 발을 65%밖에 못 맞춰. 35%는 넓혀주고 줄여줘서 신게 해. 사람 발은 100% 다 못 맞춰. 100% 맞추면 그 사람은 하느님이야. 다른 사람들은 일일이 숫자를 재서 구두를 만드는데 나는 길이랑 볼만 재. 감으로 시작해서 감으로 끝나. 요즘은 컴퓨터로 많이들 하는데 나는 '컴맹'이야. 문자 메시지도 못 보내. 내가 필요하면 전화를 하라고 해.

내 구두는 제일 싼 게 45만 원이야. 비싼 건 350만 원짜리까지 있어. 만드는 과정이 다르거든. 구둣값을 150만~200만 원 받아야 선진국이야. 지금 20만 원이지? 우리나라 구두 기술이 얼마나 좋았느냐, 예전에 구두로 세계 기능경기대회에서 3연패했어. 그리고 그 대회에서 구두 부문이 없어졌어. 한국의 양궁 같은 경우라고 생각하면 돼. 정치하는 사람들이 잘했으면 수제화를 잘 살렸을 거야. 그런데 누가 있어? 그래서 맥이 다 끊긴 거야. 이나마라도 명맥을 잇는 건 박 시장님이 수제화거리를 만들어서 가게 열여섯 칸을 내줬어. 돈 많이 투자했지. 그래도 아직 좋은 구두가 안 나와. 기술자가 거의 다 없어졌거든.

젊은 애들 가리키고는 있는데 애들이 일을 안 해. 일례로 서울시에서 18명을 뽑아 180만 원씩 주면서 이걸 가르쳐. 그런데 돈 타러 오지, 일 배우러 안 나와. 국가 돈 타 먹으면서 내 강의는 안 듣고 핸드폰만 봐서 쓰겠어? 강의료가 한 달에 70만~80만 원씩 나오는데 그걸로 피자도 사 주고 커피도 사 주고 다 썼어. 왜냐. 그렇게 해서라도 애들한테 의미를 좀 갖게 하려고. 누구 탓하지 말고 자기만 잘하면 팔도 어디를 가도 직장이 있어.

요즘 성수동에 구두 공방들이 생기는 게 그나마 다행이지. 지금 구두장이 중에서 쉰다섯 살이 막내야. 그 밑으로는 안 배웠다는 말이지. 공방 하는 젊은 애들이 있는데, 전문가의 눈으로 봤을 때는 신발이 아니지만 그래도 자기들만의 신발이 있어. 나중에 보니까 인정을 해줘야겠더라고. 원기술은 무시해도 자기들 나름대로 디자인하니까. 응용을 잘해. 특출난 놈들이 있어. 성수동에 문 대통령님이 왔을 때, 젊은 애 하나 데려와서 현재 우리나라에서 제일 잘 만드는 사람이라고 소개했지. 손님이 엄청나게 몰렸어. 내 제자라고 할 만한 사람이 세 명 정도 있는데 지금 이태리에 가 있어. 구두에 미친 놈들이지. 지금은 먹고살기 힘들지만 시간이 흐르면 좋은 직업이야. 어차피 구두는 맞춰서 신어야 하는 사람들이 있거든. 발이 불편한 사람들은 괌에서 여기까지 와. 나한테서 1,700만 원어치 구두를 가져간 사람도 있어. 그분은 이태리로 구두를 많이 사러 다니는 사람이었어. 왜 이리 많이 사가느냐고 물어봤더니 이태리 가면 이런 모양이 없다 하더라고. 구두 50년 넘게 하면서 그렇게 많이 사는 사람 처음 봤어. 에릭남, 유노윤호 같은 사람들도 내 신발 신었어. 박 시장님 구두는 기본적으로 내가 해줘. 그래도 제일 기억에 남는 건 대통령 신발을 만들었을 때지. 나라님 신발을 했는데 뿌듯하지. 매스컴도 그만큼 타고. 그 후로 사람들이 많이 와서 신발을 했어. 공격도 많이 받아. 명장이 만들었는데 왜 이따위냐고. 어떻게 모두가 만족하겠어? 인터넷에 불만 글을 올린다고 하기도 해. 그래도 나 먹고사는 데 아무 상관없어. 소량 생산하기 때문에 많은 돈을 벌 수도 없어. 남한테 안 빌릴 정도만 벌면 되지. 어떤 기술이든 마찬가지지만 이 일은 자유롭잖아. 누구한테 고개 숙일 일이 없어. 다시 태어나도 나는 또 구두 만들 거야.

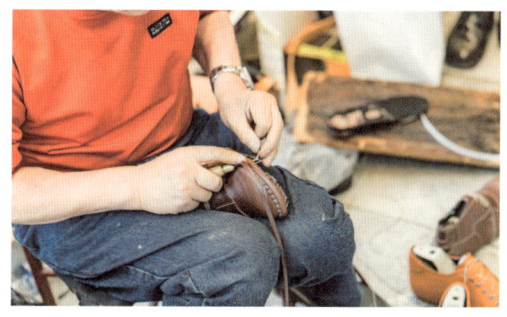

OLD&NEW

구두에 화음을 담다
한우창, 김정환

주로 유럽을 배경으로 하는 유튜브의 '테크 포르노', 즉 장인의 손에서 하나의 물건이 탄생하는 과정을 정밀하게 보여주는 영상에서나 볼 법한 공간이 성수동에 있다. 카페가 아니다. 공방이다.

신발연구소

'아내보다 더 많은 시간을 함께 보내는' 두 남자, 샘(한우창)과 카일(김정환)의 첫인상은 동료라기보다 밴드 같았다. 서로 다른 소리를 내어 하나의 음악과 화음을 만들어내는. 카일은 제조를 담당한다. 재단과 재봉틀 작업을 맡는다. 가죽, 즉 '가피'를 구두 모양으로 만들고 밑창을 붙인다. 샘은 여기에 색을 입히고 광택을 내서 우리가 알고 있는 그 구두로 완성한다. 카일이 기초화장을, 샘이 색조화장을 맡는 셈이다.

"이 친구(카일)는 집중력이 뛰어나다. 주말에도 가끔 나와서 혼자 수련한다. 새로운 공법도 시도하고. 우직하고 성실하다.", "샘은 느낌과 감각을 구체화하는 게 뛰어나다. 구두 관련 자료들을 계속 보면서 그걸 자기 색으로 해석하는 능력이 있다. 다른 친구들보다 구두를 보는 감이 탁월하다. 한마디로 창의적이다." 둘이 꼽는 서로의 장점이다. 남자끼리 면전에서 이런 이야기를 하면 민망할 법도 한데 서슴없다.

30대 중반, 성수동에서는 막내급이다. 그래도 '짬'은 제법 차이 난다. 샘은 구두 외길 인생이다. 친구 따라 국내 유일의

전통제조산업

(왼쪽부터) 김정환, 한우창

제화공업과에 입학했다. 구두공장에서 산업기능요원으로 군 복무를 마쳤다. 구두 브랜드 무크(mook)의 MD로 일하던 2006년부터 성수동을 들락거렸다. 몇 년 전 신발연구소로 옮겨 젊은 장인의 길을 걷기 시작했다. 반면 카일은 좀 돌아왔다. 학교를 마치고 무역업에 종사했다. 4년쯤 지났을까. 즐겁지 않았다. '소울'이 없었다. 어릴 때부터 뭘 만드는 게 좋았다. 대전에서 구두 만드는 걸 배워 거기서 일하다가 2013년 성수동으로 올라왔다. 국내 제일의 수제화 장인들이 모여 있는 곳이었다. 수제화 명장 1호 유홍식 장인이 그의 스승이다.

그들이 신발연구소에서 일하기 전, 성수동은 기성 브랜드의 하청업체가 주를 이뤘다. 일반 소비자가 직접 구두를 살 수 있는 매장이 없었다. 변화가 시작된 건 약 5년 전쯤이었다. 수제화거리가 조성되면서 서서히 구두를 사러 오는 사람들이 생겼다. 제화 기술을 배우러 오는 젊은이들도 있었다.

그런 변화 속에서 신발연구소는 새로운 흐름을 보여주는 일종의 이미지였다. 결과가 아니라 과정을 볼 수 있었다. 모든 게 공개되는 시대, 과정을 그럴싸하게 보여주는 건 제품에 대한 충성도를 높인다. 한국에서 볼 수 없었던 모습의 구두공방은 인스타그램의 한 컷으로도 손색없었다.

상표 가치를 높이기 위한 고민은 공방이라는 이미지에 그치지 않는다. 이들은 고객을 직접 찾아가서 발 치수를 재고, 미팅 후 제작한다. 완성된 신발은 택배로 발송한다. 구두업계에서는 처음으로 도입한 O2O(Online to Offline) 서비스다. 한 번 측정한 발의 치수와 형태는 고스란히 데이터로 남는다. 지금까지 1만 5,000명의 발 모양이 쌓였다. 이렇게 누적된 데이터는 새로운 제품 개발로 이어진다. 선순환이다. 물론 두 사람이 모든 주문을 소화하는 건 아니다. 그럴 수도 없다. 샘과 카일은 새로운 제품을 기획하고 일종의 프로토타입을 만든다. 그 후에는 협력업체, 즉 다른 장인들이 양산을 담당한다.

성수동 제화산업의 현주소는 어둡다. "OEM 방식인데 물량이 없다. 인건비가 오르면서 기존 브랜드들이 성수동 바깥으로, 한국 바깥으로 발주처를 돌린다. 거기에 젠트리피케이션이 겹친다. 건물주들이 기존 공장 대신 카페를 넣으려 하고, 임대료를 올린다. 10년 전의 매출액과 비교하면 앞의 숫자가 바뀌는 수준이 아니다. 뒷자리에서 '0' 하나가 빠진다." 성수동만의 문제는 아닐 것이다. 어쩌면 고도성장사회가 필연적으로 겪을 수밖에 없는 문제이기도 하다. 그런 점에서 진작 새로운 시대의 경향에 맞춘 신발연구소는 생존을 위한 진화를 끝낸 셈이다. 기성 브랜드 대신 성수 제화업계에 새로운 역할을 할 준비도.

신발연구소의 공간과 신발 제작 과정은 그 자체로 멋진 볼거리다

OLD&NEW

B2C 방식의 인쇄를 고민한다

박범선

무언가를 대량 생산하는 공장은 묘한 매력이 있다. 산업의 풍경이자 자본주의의 심장 같다. 백지에 글과 그림을 입히는 인쇄소의 풍경을 본 적 있는가. 여기, 제조업의 인쇄를 IT의 인쇄로 변화시키려는 새 세대의 경영인이 있다.

10년 전 결혼을 앞두고 인쇄소로 들어왔다. 서른 살이었다. 컴퓨터 전공으로 학부를 졸업하고, MBA를 이수해 대학원을 마쳤다. 생명보험사에 입사해 커미션 업무를 담당했다. 인쇄의 'ㅇ'도 몰랐다. 첫 직급은 실장, 누가 봐도 '낙하산' 소리 듣기 딱 좋은 상황이었다. 1991년에 설립된 중견 인쇄소, 드림인쇄의 2대 경영자 박범선 실장의 이야기다. "현장에는 10년 이상 근무한 이가 즐비했다. 창립 이래 28년째 근무하는 이들도 있었으니 낙하산이라고 무시당해도 할 말이 없었다." 원래부터 가업을 물려받겠다고 생각한 건 아니었다. 관련 없는 전공을 택한 것도 그 때문이었다. 하지만 대학에 다닐 때 인생의 방향이 달라질 수 있겠다고 생각했다. 평생 인쇄에 몸담았던 부친이 힘들게 일군 회사였다. 경영 수업 차원에서 MBA를 마쳤다. 졸업 후 굳이 다른 업종에서 일한 이유는 일종의 자존심 때문이었다.

디지털 프린팅이 도입되면서 소량 다품종 인쇄가 가능하게 됐다

전통제조산업

드림인쇄 박범선 실장

"낙하산 소리는 듣기 싫었다. 나중에 들어가더라도 '여기 아니어도 갈 데 많았다'고 당당하게 말하고 싶었다. 어릴 때 생각이었다. 그런데 유관 산업이 아니어서 크게 도움은 안 됐다. 지금 생각하면 메이저 인쇄소에서 일해볼 걸 그랬다."

바닥부터 시작했다. 재고 관리, 용지 구매부터 배웠다. 납품과 포장 같은 업무를 거쳐 새로운 세대의 능력을 보여줄 기회를 만들었다. 우선 수작업으로 진행되던 생산 공정 관리를 전산화했다. 그때 구축한 시스템을 지금까지 쓰고 있다. 그리고 영업을 배운 뒤 전반적인 관리를 맡게 됐다. "인쇄의 꽃은 영업이다. 거래처의 요구에 그때그때 응대하기 위해서는 인쇄의 모든 공정을 알아야 한다. 입사 후 2~3년쯤 되니까 영업을 할 수 있게 됐다. 모르는 것도 바로 대처할 수 있게 됐고. 그제야 마음의 준비가 되더라." 박 실장의 다음 스텝은 수출이었다. 인맥 하나 없었지만, 일본의 인쇄기계업체에 소개를 부탁했다. 몇 건의 거래가 성사됐다. 하지만 일본의 꼼꼼함은 국내와는 차원이 달랐다. "한국에선 '유도리' 있게 넘어갈 일이 거기선 씨도 안 먹혔다. 기껏 인쇄한 물량를 전량 파기하고 새로 찍는 일이 부지기수였다. 하지만 그 덕분에 컬러 매니징 시스템의 품질이 올라갔다. 결과적으로는 회사의 역량을 키운 계기가 됐다."

드림인쇄는 B2B(Business to Business)가 주력인 회사다. 메인 거래처만 100여 개에 달한다. 성수동에서도 손에 꼽는 규모다. 하지만 낙관할 수 없다. 다음 목표를 고민해야 한다. 산업의 변화 때문이다. 인쇄산업은 크게 세 범주로 나뉜다. 출판과 패키징, 그리고 상업인쇄. 디지털시대의 도래와 함께 출판업계가 직격탄을 맞았다. 반면 디지털 프린팅이 도입되면서 소량 다품종 인쇄가 가능해졌다. B2C(Business to Consumer)로 전환할 수 있게 된 것이다. "개인이 제작한 물건을 위한 패키징 수요가 늘어나고 있다." 이를 위해 타이거프린팅(tiger PRINTING)이라는 서브 브랜드를 만들었다. 회사 한쪽에 별도의 공간을 만들어 타이거프린팅을 돌린다. "이제 인쇄소도 IT 기업이라 생각해야 한다." 박 실장이 그전에는 필요 없었던 마케팅과 상품 개발 등 새로운 고민을 하고 있는 이유다. 그 고민의 해답은, 어쩌면 성수동을 새롭게 채우고 있는 기술 기반 스타트업 생태계를 통해서 구할 수 있을지도 모른다.

크기와 재질이 다양한 종이가 쌓여 있다

7 / OLD&NEW

기계는 사람 하기 나름이다
배재곤

인쇄소에는 다른 업태에서 보기 힘든 직급이 있다. 기장. 실무의 가장 높은 직급이다. 인쇄기를 관리하고 인쇄물을 최종적으로 확인하는 일을 책임진다. 배재곤 기장은 1984년부터 36년째 인쇄 한 길만 파고 있는 '인쇄의 달인'이다.

열아홉 살 때 충무로에서 시작해 10여 년 전부터 쭉 성수동에서 일하고 있다. "충무로는 장소가 협소하다 보니 인쇄 공정을 전부 수행하는 곳이 없다. 터가 넓은 성수동의 품질이 좋을 수밖에 없다."

인쇄소의 직급에는 산업화시대의 흔적이 고스란히 남아 있다. '가메도리'라 불리는 잡부로 입사해 인쇄기에 종이를 넣는 일을 맡는 '시다(した)'가 된다. 시다를 거쳐 기계 조작을 돕는 보조로 경력을 쌓은 뒤 마침내 기장이 된다. 배재곤 기장이 일을 시작하기도 전인, 활판인쇄 시절부터 내려온 전통이다. "나는 그나마 자동인쇄부터 시작했다. 그때는 고급 인쇄가 2도(두 가지 색)였다. 지금은 기본이 4도, 5도다." 말이 자동인쇄지 모든 걸 눈으로 확인하고 손으로 만져야 했다. 처음 인쇄할 때 조금이라도 초점이 안 맞으면 전량 못 쓰게 되는 건 일도 아니었다. 인쇄 롤러에 묻은 물도 판에 그림이 들어가느냐 안 들어가느냐에 따라 일일이 닦아야 했고,

그는 평생 미쓰비시 기계를 만져 왔다

전통제조산업

잉크량도 직접 맞춰야 했다. 지금은 손으로 하는 일이 거의 없다. 아무리 눈썰미 좋은 사람이라도 충분히 발달한 기술을 따라갈 수 없는 법, 인쇄된 종이 위에 새겨진 '컬러바'를 컴퓨터가 읽어 정확한 컬러 매니징을 한다. 나이를 먹을수록 새로운 기술을 습득하기도 힘들다. 아날로그시대에 인쇄를 배운 배재곤 기장은 어떻게 새로운 시대에 적응했을까. 답은 의외로 간단했다. "휴대폰 같은 거다. 기능이 나올 때마다 조금씩 조금씩 배웠다."

기계 관리도 편해져서 한 대에 네 명이 붙었던 시대를 지나 이제는 한 대를 두 명이 관리한다. 그래도 인쇄 과정에서 제일 중요한 건 변하지 않았다. 기계를 세팅해서 색깔을 잘 맞추는 것이다. 은근히 까다로운 작업이다. 종이에 따라 건조 속도도 다르다. "기계화됐다고 하지만 기본적인 건 사람이 다 해야 한다. 종이끼리 붙나 안 붙나, 이런 건 사람이 판단한다." 앞 종이에 인쇄된 잉크가 다음 종이에 묻는 일, 즉 '뒷묻음'을 방지하기 위해 '파우더'라는 흰 가루를 종이마다 뿌린다. 잉크량에 따라 파우더량도 달라진다. 건조 파우더를 너무 적게 뿌리면 색이 번지고, 많이 뿌리면 색이 안 나온다. 사진이나 영상에서 가끔 볼 수 있는, 매서운 속도로 종이들이 쌓여가는 인쇄 공정에는 미처 알지 못했던 섬세한 손길이 스며 있다. "중간중간 한 번씩 종이를 빼본다. 요샌 한 시간에 1만 2,000장씩 찍는다. 그중 30장 정도는 확인한다." 딱 신경 쓴 만큼 인쇄 품질이 결정된다는 게 그의 지론이다.

"인쇄는 섬세한 사람이 잘한다. 순리대로 차근차근 해야지 급하다고 막 하다가는 사고가 난다. 꼼꼼하게 잘 봐야 하니까. '아비(망점)'를 쫙 까는 인쇄물, 그림이 많은 인쇄물일수록 신경을 써야 한다."

인쇄소 환경은 고되다. 열을 내뿜는 기계 탓에 여름에는 찜통이다. 무거운 종이 더미를 들어야 하니 허리가 안 좋은 게 직업병이다. 소음이 멈추지 않으니 귀가 안 좋은 이도 적지 않다. 한마디로 3D 업종이다. 견습생으로 들어와서 며칠 만에 관두는 젊은이가 태반이다. "우리 회사에서 제일 젊은 사람이 마흔네 살이다. 그러다 보니 8~9년은 하고 기장이 되어야 노하우가 생기는데 요즘은 5~6년만 해도 기장을 단다." 힘든 만큼 대우가 좋은 것도 아니다. "이 일을 시작했을 때는 인쇄업 경기가 참 좋았다. 주간 근무조였는데도 철야를 15일 동안 한 적도 있다. 야근하면 급여가 두 배였으니 좋았지. 그런데 사장님들한테 물어보면 그때나 지금이나 인쇄비는 똑같다." '전통'을 대우하는 것에 반해, 우리는 '전통산업'에 대한 수고는 알지 못한다.

드림인쇄 배재곤 기장

4도 인쇄기

'성수동'이라는 브랜드

글 우승우(더.워터멜론 공동 대표)

외식, 주류, 매거진 등 라이프스타일 기업에서 브랜드와 관련된 다양한 일을 담당했다. 현재 '브랜드 민주화'를 지향하는 브랜드테크 기업 '더.워터멜론' 공동 대표로 일하며, 브랜드 커뮤니티 'Be my B' 운영에 참여하고 있다. 브랜드 민주화란 '누구나 브랜드를 만들 수 있고 우리 모두 브랜드가 되어야 한다'는 의미다. 『창업가의 브랜딩』을 쓰고 『린 브랜드』를 번역했다.

2010년대로 들어서며 공장·창고 등 오래된 건물을 활용한 카페, 편집숍, 갤러리가 늘어났다

바야흐로 성수 전성시대

얼마 전 성수동으로 사무실을 이전했다. 그 소식을 접한 주변 사람들의 반응은 크게 다르지 않았다. "성수동 좋죠?", "요즘 성수동이 완전 '핫'하다던데 생활해보니 어떠세요?" 등 소감을 궁금해하거나 긍정적 반응을 보이는 경우가 대부분이었다. 그만큼 성수동에 대한 관심이 예전보다 커졌다는 의미일 것이다. 물론 최근에야 갑자기 성수동이 주목받기 시작한 것은 아니다. 원래 성수동은 강남의 대표적 동네인 청담동이나 압구정동에서 다리 하나만 건너면 편하게 접근할 수 있는 곳이었다. 그러한 지리적 이점이 있음에도, 오랫동안 성수동에 대한 관심은 다른 동네에 비해 상대적으로 크지 않았다. 하지만 몇 년 전부터 성수동에 개성 있는 공간들이 하나둘 생기면서 상황이 달라졌다. 대림창고, 자그마치, 어메이징브루잉컴퍼니 등 자기 색깔이 뚜렷하면서도 매력적인 공간이자 브랜드가 터를 잡았다. 그와 함께 성수동이라는 지역의 개성도 살아났다.

오랜 시간 성수동은 구두, 피혁, 인쇄, 자동차 정비 등 여러 제품을 생산하거나 정비하는 소규모 공장이 모인 준공업지역이었다. 지금도 제법 많은 사람이 성수동 하면 수제화거리를 먼저 떠올리는 이유다. 또한 여전히 공장들이 기계음을 내면서 돌아가는 제조와 생산의 공간이다. 유행과는 거리가 먼 곳이었고, 소비를 주도하는 20~30대의 눈길을 끌지 못하는 지역이었다. 하지만 2010년대로 들어서며 공장·창고 등 오래된 건물을 활용한 카페, 편집숍, 갤러리가 늘어났다. 이러한 스타일이 성수동을 상징하는 건축이나 디자인의 한 흐름으로 자리 잡으며, 문화적으로 활용 가능한 자산을 지닌 이 동네를 다채로운 브랜드들이 비로소 주목하기 시작했다.

린 브랜딩 관점으로 바라본 성수

최근 로컬 콘텐츠에 대한 관심이 많아지면서 동네가 하나의 브랜드로 거듭나고 있다. 단순한 행정구역의 의미나 거주지의 개념에서 나아가, 각각의 동네 자체가 명확한 개성과 매력을 갖춘 브랜드로 확장해 가고 있는 것이다. 《아는동네》 매거진에서 다뤘던 연남, 을지로, 이태원을 비롯해 가로수길, 상수·합정 등은 고유의 색깔이 뚜렷한 동네이자 브랜드가 되어 사람들을 불러 모으며 그 영향력을 키워왔다. 그렇다면 성수동 역시 그 자체로 사람들의 머릿속에 공감할 만한 이미지, 공유하고 싶은 의미를 만들어내는 브랜드인 것일까. 이에 대한 답을 얻기 위해 브랜딩의 새로운 트렌드이자 패러다임으로 주목받고 있는 '린(Lean) 브랜딩' 관점에서 성수동을 바라보려 한다.

린 브랜딩은 불필요한 것을 모두 제거하는 방식이다. 꼭 필요한 요소만으로 작고 빠른 실행을 추구하는데, 이를 통해 고객과의 관계를 구축하며 브랜드를 만들어간다. 카카오, 배달의민족, 야놀자, 토스처럼 라이프스타일과 소비 습관을 바꾸는 다양한 브랜드의 성공 요인이 바로 린 브랜딩이다. 이러한 기업들은 많은 예산을 들여 굳이 마케팅을 진행하지 않는다. 가능한 범위 내에서 소규모로 서비스를 시작해 소수의 고객에게 집중했다. 하지만 만족감을 느낀 고객은 반복적으로 그들의 제품이나 서비스를 찾았고, 해당 기업을 응원하고 스스로 입소문을 내며 그 브랜드의 충성 고객임을 자랑했다. 대규모 마케팅 계획을 치밀하게 세우고, 오랜 준비 기간을 거쳐 화려한 이벤트를 기획했던 이전과 전혀 다른 방식의 브랜딩이다.

린 브랜딩은 다음과 같은 네 가지 특징을 보인다.
ⅰ. 자기 사업과 브랜드의 존재 이유를 명확히 한다.
ⅱ. 고객의 흥미를 불러일으키고 고객에게 감동을 전할 스토리를 발굴한다.
ⅲ. 상징 요소를 만들어 고객과 연결 고리를 만든다.
ⅳ. 고객과 지속적으로 관계를 맺는다.

이러한 기준으로 성수동이라는 브랜드를 다시 살펴보면 어떠한 특징을 발견할 수 있을까.

첫째, 성수동만의 특별한 자기다움이 있다. 과거 성수동은 단순한 소비 중심 상권이 형성된 동네가 아닌 적극적으로 제품의 제조와 생산이 이루어지던 공간이었다. 그 영향 때문인지 성수동에서 선보인 브랜드도 자기 이름을 걸고 자기 색깔을 담아낸 것이 많았다. 색다른 콘셉트를 과감하게 시도했으며, 평범한 아이템이라 하더라도 미묘하게 '성수동스러운' 무언가가 있었다. 왜 성수동에 자리 잡아야 하는지, 자기 사업과 브랜드의 존재 이유에 대해 명확하게 보여주는 것들이 주를 이뤘다. 2011년 문을 열어 터줏대감이라 불리는 대림창고가 바로 그 시작점이다. 2014년 성수동으로 이전해 소셜벤처시대를 이끈 루트임팩트, 2016년 성수동에서 시작된 수제 맥주 브랜드 어메이징브루잉컴퍼니 역시 지향점이 명확했다. '성수동 페일에일' 등을 통해 드러난 그들의 정체성은, 새로움과 가능성의 장으로서 성수동이 지닌 맥락과 잘 어울렸다.

둘째, 고객의 흥미를 불러일으키고 고객에게 감동을 전할 스토리를 가지고 있다. 성수동의 여러 브랜드는 단순히 돈을 벌기 위해, 물건을 팔기 위해 브랜드를 만들거나 사업을 시작하지 않았다. 물론 수익성을 높이는 것도 중요하지만 그보다 자기의 생각과 스토리를 실행에 옮기겠다는 목적이 컸다. 복합문화공간 자그마치와 어반소스가 그 예다.

두 공간 모두 공장을 리모델링해 만들었다. 또한 재치 있는 네이밍이 인상적인 카우앤독의 브랜딩 스토리 역시 매력적이다. '개나 소나' 누구에게나 창업의 기회가 열려 있음을 연상시키지만, 실제 이름에는 '협업(Co-Work)'과 '좋은 일을 한다(Do Good)'의 의미가 담겨 있다. 복사하듯 찍어내는 프랜차이즈나 대기업 중심의 브랜드가 아니라, 이처럼 자신의 주관과 철학이 깃든 브랜드가 성수동 거리를 채우고 있는 것이다.

셋째, 성수동 하면 떠오르는 특별한 상징 요소가 있다. 지난날 공장이었음을 자연스레 짐작하게 하는 널찍한 공간, 붉은벽돌을 사용해 지은 건물, 구석구석 이어진 좁은 골목. 세월이 흐르며 조금씩 자취를 감추고 있기는 하지만, 이런 풍경들은 여전히 우리에게 익숙한 성수동의 모습이다. 성수동 곳곳에서 엿볼 수 있는 다양한 제조업의 흔적에서 이 동네의 이미지가 선명해진다. 과거와 현재가 공존하고, 생산과 소비가 공존하는 성수동만의 이미지 말이다. 올해 초 문을 연 성수연방이 대표적 사례다. 성수연방은 앞서 성수동의 변화를 이끈 다른 공간들과 마찬가지로 1970년대 공장을 리모델링했다. 눈여겨볼 만한 지점은, 단순히 건축물이나 인테리어뿐만이 아니라 콘텐츠와 브랜드 측면에서도 성수만의 감성과 이야기를 풍성하게 담아냈다는 것이다. 이러한 브랜드의 등장은 성수동의 이미지를 더욱 명확하게 한다.

마지막으로 성수동에 뿌리내린 브랜드들은 고객과의 관계를 중요시하며 고객에게 적극적으로 다가선다. 이러한 자세는 고객에게 차별화된 가치를 제공하기 위함이지만, 이를 통해 자신만의 제품(혹은 서비스)과 연계된 매력적 콘텐츠를 선보이기도 한다. 동네 특성상 대부분의 브랜드가 조용하고 작게 시작하는 경우가 많다. 대규모 런칭 파티와 같은 마케팅 활동이나 광고의 힘이 아닌, 비슷한 생각과 취향을 지닌 고객에게 브랜드와 콘텐츠를 노출하기 위해 노력한다. 고객과의 소통을 기반으로 강력한 입소문을 만들어 브랜드 인지도를 높이는 것이다. 2015년 성수동에서 출발한 빵집 밀도(meal°), 카우앤독의 원년 멤버로 시작한 콘텐츠 플랫폼 퍼블리(PUBLY) 역시 린 브랜드의 특징이 잘 드러나는 브랜드다.

카우앤독

'성수동'이라는 브랜드

어메이징브루잉컴퍼니

서울의 브루클린? 성수라는 이름으로 충분한 동네

브랜드가 고객에게 널리 사랑받기 위해서는 오랜 시간이 필요하다. 요즘은 하루에도 수십 개의 브랜드가 태어나고 사라진다. 인기 있던 브랜드라 해도 세월과 함께 노후화되고 잊히는 것이 일상인 시대다. 동네 역시 마찬가지다. 발 디딜 틈도 없이 인파가 몰리다가도 다양한 이유로 발길이 뜸해지다 대중의 뇌리에서 점차 사라져 간다. 존재감이 사라진 동네의 사례를 찾는 것은 그리 어렵지 않다. 그렇다면 과연 성수동을 하나의 브랜드로 볼 수 있을까. 누군가는 성수동을 '서울의 브루클린'이라 부르지만, 다른 동네와 비교하는 것은 아직 조심스럽다. 어쩌면 지금의 관심과 주목이 반짝 유행으로 그칠 수 있기 때문이다. 하지만 성수동은 서울의 그 어떤 동네보다 브랜드로서 다양한 가능성을 지니고 있다. 이는 그저 생각날 때마다 성수동에 놀러 왔거나 머물렀던 경험을 통해 판단한 것이 아니다. 이곳에서 진지하게 브랜드 관련 회사를 운영하는 관점으로 바라본 것이다. 성수동은 잠재력이 가득한 곳이다. 더욱이 매일 이 지역을 직접 경험하며 성수동만이 가진 차별화된 힘을 알게 되었다.

성수동은 단순히 소비만을 위한 공간이 아니다. 제조와 생산, 더 나아가 새로운 시작과 가능성을 담고 있는 공간이다. 골목 구석구석에는 미처 예상하지 못한 매력과 풍성한 이야깃거리가 공존한다. 또한 성수동에는 공간이든 프로젝트든 작품이든 새로운 무엇인가를 시작하려는 감각 충만한 예술가들이 모여든다. 그런 점에서 하나의 브랜드로 성장할 가능성이 충분하다고 볼 수 있다. 그리 멀지 않은 시점에 성수동이 '서울의 브루클린'이 아닌, 그 어느 곳과도 비교할 수 없는 독특한 매력을 지닌 '서울의 성수' 혹은 '한국의 성수'라고 불리기를 기대한다.

8

소셜&공유밸리

따로 또 같이

성수동은 공유의 생태계다. '소호'에서 '코워킹 스페이스'라는
개념으로의 전환이 이뤄진 지역이자 '공유주택'이란 개념을
이슈화한 곳이기도 하다. 고도화된 저성장 사회일수록 소유에서
한 단계 나아가 공유에 대한 수요가 높아질 수밖에 없다. 성수동은
공유의 개념을 바꿨고 지금도 현재 진행 중이다. 함께 일하고
살아가는 것에 대한 실험지의 대표적인 곳이 공유오피스 카우앤독,
공유주택 디웰하우스다.

글 김작가

LIVE, WORK, CREATE.

'방'에서만 살아온 세대들이 함께 사는 '집': 디웰하우스

그곳에선 사람 냄새가 났다. 세월의 흔적이라 말할 수 있는, 복합적 체취가 쌓여 있었다. 건물 두 채에 열여덟 개의 방이 있다. 2인실이 두 개, 나머지는 1인실이다. 2014년 개점해 그동안 60명 정도가 나고 들었다. 평균 1년 반씩 산 그들은 여느 원룸, 오피스텔 입주자들과는 다른 생활을 한다. 자체적으로 반상회를 열고 독서 모임을 가지며 함께 여행을 떠나기도 한다. 술잔을 나누다가 늦은 밤이 되면 다 같이 택시를 잡아타고 이태원이나 압구정으로 넘어가 '불금'을 즐긴다. 공유주택의 개념을 바꿔놓은 디웰하우스(이하 디웰)에서의 삶이다.

디웰은 시민운동 혹은 청년운동의 일환처럼 여겨졌던 공유주택의 개념을 변화시켰다. 이런 상황에서 사기업이 주택 공유 서비스를 시작한다는 뉴스는 호사가들의 귀를 솔깃하게 했다. 스포트라이트가 비춰지기 전의 성수동이라 더 그랬다. 모르는 남녀가 떼 지어 함께 산다는 게 가능할까? 아니, 안전할까? 가장 흔한 걱정이었다. 디웰은 그런 우려를 스스로 불식해왔다.

이는 처음부터 엄격한 과정을 거쳐 입주자를 뽑아온 덕이다. 입사 과정에 비유하자면 서류와 면접, 그리고 집단 인터뷰를 거친다. 최종 단계에서 기존 입주자들과 함께 식사한 후, 만장일치로 찬성표를 받은 이만이 입주할 수 있는 자격을 얻는다. 이곳을 운영하는 루트임팩트 직원조차 최종 단계에서 떨어졌다. 시스템의 엄정함이 녹진다. 처음부터 지금까지 디웰을 지키고 있는 허지용 매니저는 말한다. "우리가 가진 리소스의 절반은 좋은 사람을 뽑는 데 쓴다. 그다음에 해야 할 일은 거의 없다. 공실이 있다고 해서 어중간한 사람을 뽑았을 때 발생하는 리스크가 더 크다." 월세는 한 달 평균 35만 원, 제일 싼 방이 29만 원이고 비싼 방은 45만 원이다. 두 달 치 월세를 선납해 보증금을 대치한다. 성수동 평균 시세의 40~60%다. 서울 전체 시세로 본다면 고시원과 원룸의 중간 가격이다. 안정된 소득을 보장할 수 없는 사회적 기업, 스타트업 직원에게는 더없이 매력적인 환경이다. 하지만 단지 경제적 이유로 이곳의 높은 벽을 두드리는 사람이 많은 건 아니다. "지원자의 60%는 '사람 보고 들어왔다'고 한다. 동의하지 않은 경우를 제외하면, 우리는 디웰에 살고 있거나 살았던 사람들을 온라인에 공개한다. 그런 사람들을 만나기 위해 여기 살고 싶어 하는 거다." 디웰하우스는 살기 위한 공간이 아니라 사회를 바꾸려는 욕망을 가진 사람들을 만날 수 있는 공간이다. 즉, 고시원, 원룸과는 애초에 방향이 다른 공간이다.

디웰하우스 옥상

입주자들의 거주 기간은 평균 1년 반에서 최대 3년이다. 이 기간 동안 디웰에서는 딱 세 가지 프로그램을 제공한다. 웰컴 파티, 페어웰 파티, 그리고 1년에 한 번 전·현 입주자가 모이는 날이 전부다. 개인이 편하게 사는 것을 최우선 목표로 두기 때문이다. 느슨하고 자유로운 관계는 자발적으로 확장되고 발전한다. 취업과 창업 같은 형태로 이웃에서 직원이나 파트너가 되기도 한다. 외부에서 기대(?)하는 남녀 간의 '썸'은 오히려 거의 없는 편이다. 디웰에 살았던 60명 중 커플의 인연을 맺은 경우는 딱 한 번뿐. 그러니 이곳에서의 생활을 대략 짐작할 수 있을 것이다. 아울러 어떤 성향의 사람들이 모이는지도. "겸손한 사람에 대한 선호도가 갈수록 커진다. 그리고 명상, 요가·필라테스 자격증, 바텐딩 같은 개인기를 가졌거나 특정 분야에 대한 '덕력'을 갖춘 사람들을 매력적으로 생각하는 경향이 있다." 게임으로 치자면 밸런스 타입인데 확실한 필살기가 있는 캐릭터를 선호하는 셈이다.

어쩌면 입사시험 같고 어쩌면 만민공동회 같은 절차를 거쳐 입주하지만, 사람 사는 곳에 갈등은 생기는 법. 사소하게는 코골이로 인한 볼멘소리부터, 크게는 큰소리가 오갈 정도의 다툼이 벌어지는 경우도 있다. 전자의 경우 2인실을 줄여 프라이버시를 더욱 보장하는 식으로 해결했지만, 후자는 난감한 상황. 이 공동체에 심각한 위협을 가하는 경우 입주자의 50%가 찬성하면 퇴거 조치하는 제도를 도입했다. 다행히 그동안 이 퇴출 회의는 딱 한 번 열렸다. 오히려 문제는 디웰 입주자 대부분이 사회를 바꾸려는 의지를 가졌기 때문에 발생한다. 꿈은 높은데 현실은 녹록지 않은 탓에 자존감, 심리 상태에 문제가 생기기도 한다. 서로가 힐링의 파트너가 되어 주길 바라지만 임계점을 넘는 상황이 발생한다. 말하는 사람도, 듣는 사람도 지친다. 현실은 현실이다.

그 현실이 쌓여 약 5년이 흐른 지금, 한국 사회가 변한 만큼 디웰에도 조금씩 변화가 찾아오고 있다. 애초 31세였던 입주자 평균 연령이 최근 29세로 낮아졌다. 기존에는 소셜벤처 창업자가 제일 많았던 반면, 최근에는 프리랜서와 1인 기업 종사자 비율이 높아지는 추세다. 학생 신분으로 창업해서 활동하거나 아예 대학 대신 창업을 선택한 젊은이들도 지원하고 있다. 공유주택에 대한 개념과 이해가 확산된다는 증거다. 그리고 또 하나. "건축과에 다니는 친구가 지원한 적이 있다. 공유주택이 불편해도 그 이상의 가치가 있다는 게 마케팅 포인트였는데, 그 친구가 이렇게 말하더라. 자기는 집에 살아본 적이 없고 항상 방에 살았다며, 셰어하우스는 무언가를 포기하는 게 아니라 누릴 수 있는 게 늘어나는 거라고." 독립하지 않는 이상 프라이버시는 존재하지 않는다. 가족과의 연대감이 낮아질수록 거실 등의 공유공간은 남의 것처럼 느껴지기 마련이다. 설령 독립한다 해도 대부분 원룸 아니면 오피스텔, 모두 '집'이 아니라 '방'이다. 반면 셰어하우스 역시 방을 점유한다는 점은 그대로지만 거기에 더해 거실과 부엌 등을 누릴 수 있다. 세대가 바뀜에 따라 공유주택의 개념도 바뀌는 것이다. 우리 사회의 저성장 기조는 공고화되고 있다. 미래의 색깔은 점점 무채색이 되어 간다. 아파트 공화국이란 현실에서 집을 소유할 수 있는 가능성은, 특히 1인 가구에게는 희박해지고 있다. 공유의 개념이 갈수록 자연스러워질 거라는 예상은, 그래서 합리적이다.

디웰하우스 현관

따로 또 같이 _____

디웰하우스 내부 공간

함께 일하되, 좋은 것을 해라: 카우앤독

카우앤독은 성수동을 공유와 혁신의 동네로 이끈 교두보다. 2015년 초, 칙칙한 공장지대에 홀연히 들어선 이래 많은 사회적 기업, 소셜벤처가 이 공간을 거쳐왔다. 사무실을 통째로 쓰기엔 부담스러운 창업자들이 입주하는 공간의 패러다임은 카우앤독 이후 '소호'에서 '공유오피스'로 바뀌었다. 평균 200명 정도가 카우앤독을 이용 중이다. 1층과 2층은 카페를 겸한 오픈 스페이스고, 3층과 4층은 입주사들의 공간이다. 공유오피스의 장점은 우선 창업 비용이 적게 든다는 것이다. 인터넷, 프린터 등 기본 인프라가 갖춰져 있는 덕분이다. 하지만 그것뿐일까. 자신의 회사를 별도로 운영하며 카우앤독도 관리하고 있는 김미진 대표는 말한다. "작은 회사를 다니다 보면 소속감과 안정감이 상대적으로 떨어지는 게 사실이다. 반면 작은 회사끼리 모여 있다 보면 성수동을 중심으로 한 집합이 주는 안정감이 생긴다. 이 집합을 바탕으로 소셜 임팩트를 지향하는 조직들이 얼라이언스를 만들 수 있다. 예를 들어 직장 어린이집을 만든다거나, 복리 후생을 제휴한다거나." 사업적 시너지도 발생한다. 다른 사람들이 무엇을 하는지 SNS 등으로만 보다가 일상에서 접하면 사업적으로 성장할 수 있는 실질적 계기가 된다. 관계를 맺기도 쉽고, 구체적 비즈니스 플랜을 세우기도 용이하기 때문이다. 또한 사회적 기업과 소셜벤처가 모이다 보니 관련 정책에 대한 정보를 공유하고, 이에 대한 목소리를 모을 수 있다는 강점도 있다.

최근 들어 수많은 공유오피스가 생겼다. 위워크(WeWork), 패스트파이브(FASTFIVE), 헤이그라운드(HEYGROUND) 등은 사무실을 넘어 일종의 브랜드가 되고 있다. 무료 맥주와 커피 그리고 다채로운 커뮤니티 활동을 내세우는 공유오피스가 있는가 하면, 소호의 딱딱한 분위기를 그대로 유지하는 곳이 있다. 카우앤독은 딱 그 중간 스타일이다. 'Co-Work & Do Good'이라는 뜻의 이름답게 '일하는 데 불편함이 없되, 그 일이 사회적 의미를 갖는다면 적극적으로 도와준다'는 철학을 바탕으로 커뮤니티 활동을 지원한다. 네트워킹은 최소한으로 하되 작은 회사가 단독으로 하기엔 힘든 것들을 돕는 프로그램이 많다. 경영과 작업에 도움이 될 만한 툴을 할인가로 구매할 수 있게 하거나 저렴한 가격에 법무사를 수임할 수 있도록 하고, 혹은 구성원의 건강 관리와 자기 계발을 지원하기도 한다. 안전망이 없는 작은 회사들을 모아 규모의 경제를 만들어 대기업 수준의 복지를 제공하는 것이다.

다른 유명 공유오피스들에 비해 임대료가 상대적으로 저렴한 것도 카우앤독의 장점이다. 다른 공유오피스들은 대부분 50만 원 내외를 받는 데 비해 카우앤독의 경우 한 좌석당 27만 5,000원을 받는다. 카페를 겸하고 있는 1층은 무료로 이용할 수 있다. 프리랜서 등 사무실을 얻기는 애매하지만 고정 근무 환경이 필요한 사람들을 대상으로 한 월 5만 9,400원짜리 멤버십도 있다. 이 멤버십에 가입하면 작업 테이블을 제공할 뿐 아니라 간단한 서류 출력과 물품 보관이 가능하다. 또한 주변 회사들 중 별도 회의실이 없는 업체를 위한 미팅룸 멤버십도 있다. "다른 업체는 입주사 대상으로만 제공되는 공간이 많다. 카우앤독은 의지만 있다면 1, 2층을 자유롭게 쓸 수 있는 오픈 스페이스를 지향한다." 성수동의 라운지라 말할 수 있는 이곳에서 퍼블리, 스페이스 클라우드 그리고 쏘카 등이 사업을 시작해 사세를 키워 나갔다.

카우앤독 1층 카페&라운지

따로 또 같이

공유오피스의 방점은 앞뒤 모두에 찍힌다. '오피스' 개념도 있지만 이를 중심으로 한 '공용 공간'이란 사실이 중요하다. 다만 홀로 쓰는 사무실이 아니다 보니 생기는 문제도 있다. 사소하게는 화장실을 깨끗하게 쓰지 않는다거나, 도서관 공시생처럼 지나친 정숙을 요구한다거나 하는. 하루 8시간 정도를 붙어서 일하다 보니 자기도 모르게 지나치게 예민해질 때도 있다. 이를 최소화하는 게 커뮤니티 매니저의 역할이다. 카우앤독은 최소한의 네트워킹으로 크고 작은 문제를 풀어나간다. 한 달에 한 번 열리는 반상회, 두 달에 한 번 각자의 스토리를 나누며 함께하는 점심시간 등이 그 예다. "성숙한 어른으로 서로를 배려할 수 있는 아주 낮은 단계의 마주침을 만들자는 의도다. 아직 매번 참여하는 사람만 하는 게 문제지만, 그래도 안 하는 것보다 가능성을 열어놓는 것이 좋다."

카우앤독 이전, 사회적 기업의 본산은 은평구였다. 불광동 서울혁신파크 등에 모여 있었다. 성수동이나 불광동이나 사회 변화를 꿈꾸는 이들의 집합이지만, 결은 많이 다르다. "성수동에 기술 기반의 스타트업이 모여 있다면 서울혁신파크에 모인 기업들은 보다 공공적인 가치를 추구하는 것 같다. 그래서 대규모 캠페인에 특화된 감이 있다. 반면 성수동은 작은 조직, 혹은 구성원 하나하나에게 필요한 부분을 현실적으로 푸는 것 같다." 이는 '사회 변혁'에 대한 각각의 세대가 가진 관점의 차이다. 1980년대 학생운동에 뿌리를 둔 시민사회가 이 변혁을 정치적으로 풀려는 기질을 갖고 있다면, 성수동에 모인 밀레니얼은 신자유주의를 경험하고 자랐다. 세상을 바라보는 시점이 소비자로서의 정체성에서 시작된다. 나한테 가장 필요한 것, 불편한 것으로부터 변혁에 대해 고민한다. 거시적인 담론보다는 미시적인 현상에 집중한다. 대규모 조직보다는 공통점을 기반으로 한 소규모 팀에 최적화되어 있다. 성수동 공유오피스에는 이런 철학을 공유하는 이들이 모여 있다. 성수동을 미시 사회로 넘어가는 새로운 엔진이라 말할 수 있는 이유다.

B C D E F G
H I J K L M
N O P Q R S T
U V W X Y Z

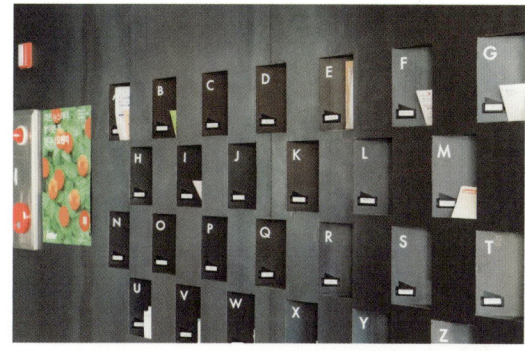

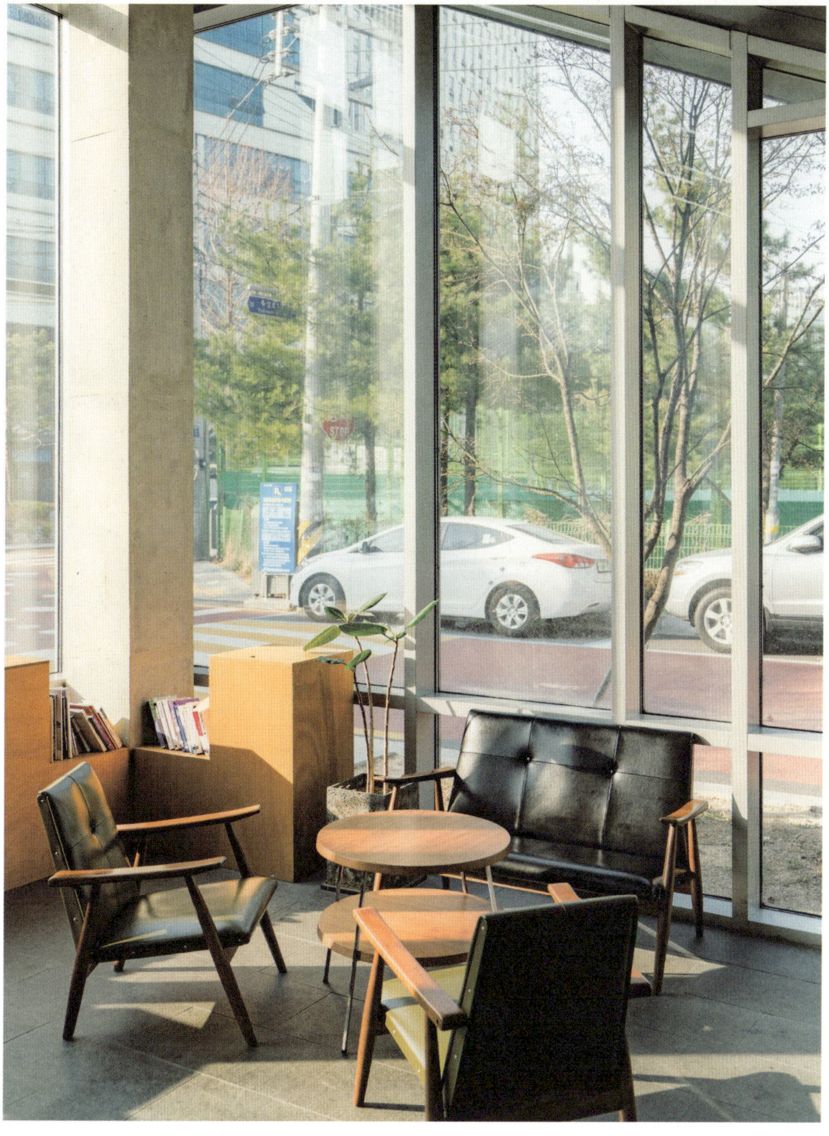

혁신과 공유: 지속 가능한 행복을 위하여

이재웅(쏘카 대표)

쏘카(SOCAR) 이재웅 대표는 한국 사회에서 가장 '핫한' 기업인 중 하나다. 친정부 인사로 꼽히지만 끊임없이 혁신과 공유의 걸림돌을 향해 쓴소리를 내뱉는다. 역삼동 테헤란로와 제주도를 거쳐 성수동에 자리를 잡은 이래, 그는 늘 혁신과 공유를 주장해왔다. 그가 생각하는 혁신이란, 그리고 공유란 무엇일까? 왜 다른 곳이 아니라 성수에서 스타트업 생태계를 일궜을까? 20여 년 만에 TV에 출연, 손석희 앵커와 인터뷰를 가진 다음 날 그를 만났다.

글 김작가

성수동에 터를 잡은 지도 몇 년이 지났다. 성수동의 힘은 무엇인가.

섞여서 만드는 다양성이 가치를 만든다. 다수의 공장이 여전히 운영 중이고, 주거하는 사람도 많고, 어린이집과 학교도 있다. 식당도 강남보다 저렴하고 맛있다. 테헤란로에 있을 땐 주변에 사는 직원들이 거의 없었는데, 여기는 다 근처로 이사를 온다. 쏘카 직원도 아주 많이 살고. 젊은 직원들은 거의 다 왔다고 봐야지. 집값이 올랐다고 해도 강남에 비하면 괜찮으니까.

직원들은 성수 생활에 만족하나.

만족한다. 쏘카의 경우 사무실이 좁아져 걱정했는데, 다들 이전하더라도 성수동 인근으로 가자고 한다.

이곳에서 제일 먼저 시작한 게 카우앤독이다. 그때는 이 동네에 아무것도 없지 않았나.

강남에서 사무실을 운영하다 보면 '비싼 임대료를 내고 굳이 왜 여기 있을까'라는 생각이 든다. 강남에 사는 사람도 별로 없는데. 그래서 2011년에 팀을 성수동으로 보냈다. 다리 하나 건너면 닿는 곳이고, 가까이에 서울숲도 있으니까. 처음에는 아저씨들밖에 없어서 무섭다고 하더라(웃음). 그래도 숲이라는 인프라가 있으니 주말엔 도로가 주차장이 될 정도로 사람이 몰렸다. 공장지대도 변화가 일어날 시점인 것 같아 눈여겨보고 있었다.

왜 코워킹 스페이스, 그것도 소셜벤처 기업을 위한 공간이었나.	소셜벤처라고 하면 투자받기가 힘들다 보니 외롭고 출발이 어렵다. 그런 사람들을 모아서 커뮤니티를 만들면 낫지 않을까 싶었다. 대기업 직원은 월급도 많고 혜택도 많지 않다. 그런데 왜 오히려 어려운 일을, 사회에 도움이 되는 일을 하는 사회적 기업은 대우를 못 받을까. 그전에 소셜벤처나 사회적 기업은 불광동 서울혁신파크에 있어야 했다. 격리하는 것 같았다. 그런 것에 대한 의문으로 시작했다. 코워킹 스페이스도 드물었지만 돈을 벌려는 벤처나 금융 기업이 입주하는 게 보통이었다. 루트임팩트, 헤이그라운드 같은 데가 만들어지면서 소셜벤처 커뮤니티가 생겼다.
그 후 5년 정도 지났다. 성수동 분위기도 많이 변하지 않았나.	카우앤독이 생긴 2015년이 트리거 포인트였다. 서울숲이 인기를 끄니 주변에 카페들이 생겼고, 코워킹 스페이스에 있어 보니 성수의 장점을 알게 되더라. 교통도 편하다. 여기 있다가 나가더라도 다들 이 동네에 사무실을 얻는다. 그렇게 '클러스터'가 조성됐다. 성수에는 패스트파이브도 두 곳이 들어왔다. 최근 DSC인베스트먼트라는 벤처 캐피탈도 입주했다. 여의도나 강남을 제외하고 자산 운용사가 입주한 곳은 성수가 처음이다. 우리도 옐로우독이라는 벤처 캐피탈이 있다. 재미있는 움직임이다. 강남에 있을 때보다 시내로의 접근성이 좋고, 인큐베이팅 중인 벤처 기업이 몇십 개가 있으니 서로 만나기도 좋고. 이런 위치와 조건이 서울에 거의 없다.
다음커뮤니케이션 이후 관여한 기업은 카우앤독, 소풍, 쏘카, 그리고 타다까지 전부 혁신과 공유를 기반으로 한다.	이 사회를 지속 가능하게 만들어주는 솔루션이 '공유'다. 자산이 있는 세대는 소득이 없거나 적다. 반면 젊은 세대는 자산을 갖기가 힘들다. 집이 있는 사람은 집을 소득화할 수 없고, 젊은 사람은 집을 가질 수 없어 서로 힘들다. 이걸 공유로 풀어야 한다. 민간에서 먼저 시도하고 정부는 활성화될 수 있도록 도와주는 게 맞다고 생각한다. 내가 사회에서 받은 혜택이 있으니 내 나름대로 사회에 돌려주는 방식인데, 거창한가(웃음)?
사실 '혁신'이란 단어는 정치적 워딩이다. '창조경제', '새정치'처럼 익숙하지만 설명하기 힘들다. 혁신이란 무엇인가.	혁신이란 무엇인가. 어렵다. 시스템을 창조적으로 바꾸는 거라 생각한다. 내가 바라는 혁신은 돌아가고는 있지만 행복하지 않은 시스템을 깨뜨리고 다시 만드는 것이다. 개선하거나 좀 더 효율적으로 바꾸는 정도로는 부족하다. 물론 혁신은 모래성처럼 매일 허물고 처음부터 다시 만들 수 있는 게 아니다. 하지만 사회 한구석 어디에선가 계속 혁신이 이뤄져야 지속 가능한 에너지가 생긴다. 그런 작은 혁신을 만드는 일이 내가 도울 수 있는 것이고, 또 보고 싶은 것이다.

그걸 위해 요즘 거의 정치를 한다(웃음).	요즘 열심히 떠드는 이유는 사회 전반적으로 혁신이 안 된다고 생각하기 때문이다. 워낙 저항이 광범위하다. 1세대 벤처 기업가로서 여전히 혁신이 가능하다는 걸 보여주고 설득하는 게 내가 후배들을 위해 할 수 있는 거라 생각한다.
왜 한국은 혁신에 보수적일까.	급속도로 발전해서 그런 것 같다. 급격히 기득권화된 것이다. 예를 들면, 이른바 586 세대 의원들은 30대에 국회의원 된 사람이 많다. 젊었을 때 윗세대가 허술하니 뚫고 들어간 것이다. 그런데 50대 이상이 된 지금까지도 그 자리를 유지하고 있다. 30대 의원은 극히 드물다. 밑의 세대가 뚫고 들어갈 수 있는 구멍이 좁아졌다는 의미다. 빠른 성장으로 기득권을 갖게 된 세대가 공고한 권력을 가지면서 혁신의 장애물이 됐다. 그들은 "나도 혁신을 통해 이만큼 왔다"고 하지만, 정작 후배들에게 기회를 줘야 하지 않느냐고 물으면 "맞는 말이지만 나는 넘기기 싫어" 이러는 거다.
젊은 세대가 그런 장벽 때문에 좌절하고 있다.	누구 한 명 때문에 좌절하는 게 아니다. 시스템이지. 소셜벤처, 스타트업도 규제에 좌절한다. 벤처 1세대는 대부분 30대에 상장했다. 나도 서른한 살, 네이버 이해진 창업자도 서른다섯 살에. 넷마블, 넥슨 다 마찬가지다. 그 뒤는? 아직까지 없다. 이유가 뭘까. 시스템을 뚫을 여지가 없어진 거다. 이걸 뚫을 수 있는 후원과 투자가 있어야 하는데, 그런 부분이 사회 전반적으로 약하다.
그때보다 지금이 더 보수적이라 볼 수 있다. 특히 20대의 보수화에 대한 우려가 많다.	IMF로 인해 경제 상황이 많이 바뀌었다. 그 직후 2000년대 '닷컴 붐'이 불며 새로운 세대가 시스템을 뚫고 나오는 걸 용인해 줬다. 그 뒤 20년은 공고화되는 기간이었다. 그러니 20대가 보수화되는 걸 이해한다. 대학 가라고 해서 갔는데 취업도 안 되고 창업도 힘들고. 그럼 공무원 시험 준비해야 하나 싶어서 했는데, 달라지는 게 없다. 집도 못 살 것 같고. 말은 "노력하면 나아질 것"이라고 하는데 실제로 바뀌는 건 없지 않나. 스스로 바꿀 수도 없는데 "너희들이 바꿔라"라고 말하는 기득권의 행동에는 정작 괴리가 있으니 허무감이 생긴 거다.
20대의 허무는 소유가 불가능한 시대에서 오는 것이다. 그래서 공유로 가야 한다는 생각도 든다.	그것도 그렇고, 지금 세대는 합리적이다. 윗세대는 너무 없이 살았으니까 소유에 대한 욕망이 컸지만 밑으로 내려갈수록 상황이 바뀌면서 반대로 '집을 왜 꼭 소유해야 하나' 생각하는 것이다. 노력해봤자 안 될 거라는 체념도

결정적 역할을 하는 거고. 허무주의와 합리적 소비로의 변화가 촉매제다.

쏘카를 이용하는 사람들은 공유의 가치보다는 렌트에 비해 저렴하고 편하다는 걸 장점으로 뽑는다. 공유로 패러다임을 전환하는 데 도움이 될까.

쏘카와 타다가 많아지면 차 소유가 줄어든다고 본다. 열 대 살 걸 세 대 사고 나머지 수요를 쏘카와 타다로 채운다면 그 자체가 공유사회로 바뀌는 길이 아니겠냐? 쏘카와 타다의 소비자가 많이 형성된다면, 더 좋은 서비스를 돈 내고 이용할 수 있는 사람들이 생기는 것이다. 공유의 경험을 넓혀 '이 정도 서비스 수준이면 소유가 필요 없겠다'는 인식을 확산시키는 게 목표다.

다른 영역이 아니라 왜 하필 모빌리티 서비스에 집착하나.

노동 시간은 계속 줄어든다. 시간이 많아지면 이동을 더 많이 하게 되는데 차 한 대 유지하는 비용이 서울 기준으로 대략 1년에 1,000만 원쯤 든다. 기름값, 할부금, 주차비 등등 한 달에 100만 원 정도를 차에 쓴다. 시민 평균 수익이 300만 원 정도인데 3분의 1이 드는 거다. 이걸 줄인다면 훨씬 행복해질 수 있다. 그래서 모빌리티 서비스에 집중한다.

반대로 생각하면 공유주택이 행복에 더 많은 도움을 줄 수 있을 것 같다. 디웰 같은 모델도 있고.

개인적으로 관심은 있다. 다만 훨씬 어려운 문제라서 그나마 풀 수 있고, 일자리도 생기는 모빌리티 서비스에 집중하는 거다. 10년쯤 지나 자율주행이 일반화되면 변화도 빨리 올 텐데, 집을 둘러싼 환경은 10년이 지난다고 해도 크게 변할 것 같지 않다.

굉장히 많은 벤처에 투자하고 또 지켜보는 입장에서 꼭 나왔으면 하는 팀이 있나.

미디어 팀이 많이 나왔으면 좋겠다. 젊은 세대를 대표화는 미디어가 없다. 젊은 독자층을 겨냥하고 대변하는 새로운 미디어 기업이 나오면 그들의 여러 문제를 해결하는 데 도움이 될 거라 생각한다. 사회문제 해결의 첫 단추가 미디어 기업이다.

젊은 사람들이 미디어를 필요로 할까.

맞는 말이다. 재미있는 것도 많고 신경 쓸 것도 많다. 하지만 그러다 보면 문제 해결이 안 된다. 그들을 대변하는 국회의원도 없는데, 미디어까지 없다고 하면 세대 간의 갈등도 못 풀고 혁신도 힘들다. 트위터, 페이스북도 미디어라는 말에는 동의하지만 기존 미디어의 역할, 즉 어젠다를 제시하거나 해결책을 고민하는 데엔 한계가 있다. "이건 이렇고", "이건 문제고"를 말하는 건 역시 기자의 역할이다. 그렇기 때문에 젊은 세대의 미디어가 필요하다. 그런 기업들이 성수동 기반으로 나오면 좋겠다.

9

Challeng
Change

임팩트 투자

소셜벤처 창업가, 임팩트 투자가에게 묻다

크레비스파트너스 김재현 대표,
어반플레이 홍주석 대표 대담

성수동이 소셜벤처와 사회적 기업의 허브로 자리매김한 것은,
비즈니스 파트너로서 든든한 버팀목이 되어준 임팩트 투자사가
있었기 때문이다. 현재는 세상에 이로운 가치를 추구해온 동지들이
한데 모여, '임팩트 얼라이언스(IMPACT ALLIANCE)'라는 이름의
연대를 준비 중이다. 생존을 넘어 새로운 변화의 움직임이 감지된
성수동. 지난 4월 그곳에서 '임팩트 투자가' 김재현 대표와
'소셜벤처 창업가' 홍주석 대표가 만났다. 서로의 상황에 공감하고
상대의 입장을 이해하는, 두 사람의 깊은 대화를 전한다.

정리 이영주

어반플레이 홍주석 대표

홍주석(이하 홍) 2013년 어반플레이(URBANPLAY)를 설립하며 임팩트 투자에 대해서도 자연스레 관심을 갖게 됐다. 강남에 모여 있던 임팩트 투자사들의 성수동 이전 소식이 전해졌을 때, 소셜벤처 창업가들 사이에서는 기대감이 일기도 했다. 성수동을 중심으로 흥미로운 일들이 벌어질 것 같다는 기대감 말이다. 성수동에 터를 잡게 된 특별한 이유가 있나.

김재현(이하 김) 성수동에 자리 잡은 지 3년 6개월이 넘었다. 원래 임팩트 투자사 대부분이 강남에 모여 있었다. 그런데 강남 지역의 지가가 가파르게 상승하다 보니 고정비용이 스타트업에 알맞은 조건이 아니었다. 그 무렵 소풍(sopoong) 창업자 이재웅 대표가 성수동에 건물을 지었고, 2014년 말 소풍이 먼저 터전을 옮겼다. 당시 성수동 임대료가 생각보다 훨씬 저렴한 편이라 다른 회사들도 연이어 이전을 결정했다. 소셜벤처와 임팩트 투자사는 주로 성수동에 뿌리를 내렸고, 기술벤처 관련 기업은 판교로 갔다. 그 이유는 분당선을 기점으로 15~30분 안에 서울의 캐피털 마켓과 접촉할 수 있기 때문이다.

홍 임팩트 투자는 여전히 대중에게 생소한 개념이다. 소셜벤처와 사회적 기업의 차이도 헷갈리기 쉽다. 간단한 설명이 필요할 것 같다.

김 소셜벤처가 창의적 아이디어를 바탕으로 기술성과 혁신성을 중시한다면, 사회적 기업은 사회문제 해결이 가장 중요한 목표다. 한편 임팩트 투자란 '민주주의 가치를 우선시하는 쪽으로 전향한 자본주의적 투자 방식'을 뜻한다. 사회문제에 긍정적 효과를 일으킬 사업을 찾아 투자하되, 구체적 수익률을 기준으로 삼는다.

홍 창업 초기에만 해도 사회적 가치를 추구하는 기업의 생존 가능성에 대한 의구심 어린 시선이 많았다. 그러나 지금은 5년 넘게 운영 중인 회사도 적지 않다. 이제 생존을 넘어 성장을 준비해야 할 단계다.

김 "생존을 넘어 성장으로!" 요즘 주장하는 바다. 그러나 어떤 생존인지가 중요하다. 연명에 가까운 생존인지, 아니면 자생이 가능한 생존인지. 다행히 자생하는 기업이 늘고 있다. 내가 말한 성장에는 'Into the Mainstream' 개념이 내포돼 있다. 그저 조금 더 오래 자생하는 것이 아니라, 시장이 인식하고 시민이 체감하는 방향으로 성장해 나가야 한다.

홍 공감한다. 지속 가능한 비즈니스 모델을 만드는 것도 사회적 가치를 추구하는 일 못지않게 중요하다. 그러나 소셜벤처로서의 정체성을 지키며 주류 시장에서 안정적 사업 구조를 만드는 것은 생각보다 어려운 일이다. 수익성이 급성장하는 '제이커브(J-Curve)' 형태가 되어야 한다는 부담감도 있다.

김 주류 시장에 진입하려면 다양한 자본을 포괄할 수밖에 없다. 그만큼 임팩트 투자사도 스타일이 다양하다. 크레비스파트너스의 경우 투자 기업에 제이커브형 수익 구조를 크게 요구하지는 않는다. 단기적 투자보다 장기적 투자에 집중하는 편이다. 그렇기에 마지막은 창대해야 한다. 사실 급격하게 내려갔다 올라오는 것을 별로 좋아하지 않는다(웃음). 실제로 투자한 기업의 급격한 성장세를 지켜본 경험이 있다. 그 기업이 추구하는 사회적 가치가 시민에게 받아들여진 시점이었다. 물론 소셜벤처의 수익이 1,000억 원에 도달하기는 힘들다. 하지만 2~3년간 두 배가량 계속 성장했기 때문에, 그 부분에 대해서는 확신이 있다.

홍 일반적으로 소셜벤처나 사회적 기업에 대한 선입견이 있는 듯하다. 충분히 잠재력을 가지고 있지만, 실제로 잠재성이 크게 발현되기 어렵다는 고정관념 말이다. 임팩트 투자가의 관점에서 볼 때 어떤 조건을 갖춰야 소셜벤처로서 성공 확률이 높다고 생각하나.

김 사실 사업은 대부분 성공 확률이 높지 않다. 더욱이 소셜벤처나 사회적 기업은 소위 '임팩트'가 있어야 하기 때문에 일반 사업보다 더 어려운 편이다. 임팩트 투자는 사회·문화의 변화와 밀접한 관련이 있다. 예컨대 최근 들어 심각해진 미세먼지 때문에 올해 상반기에는 환경 관련 회사들이 주목받았다. 불과 5년 만에 사회 분위기가 확 달라진 것이다. 그러나 푸른 하늘이 연일 계속된다면 상황은 금세 바뀔 수도 있다. 지속해서 접근 가능한 가치를 찾아 선점하는 것이 무엇보다 중요하다. 또한 비즈니스와 사회문제를 별개의 과제로 생각해서는 안 된다. 비즈니스에 집중하는 과정에서 자연스럽게 사회적 가치에도 다가갈 수 있어야 한다.

홍 과거 소셜벤처 기업들은 어떤 사회문제를 해결할 것인지에 집중했다. 다양한 분야의 기술이 상용화 단계에 접어들면서, 이제는 어떤 기술을 이용해 사회적 임팩트를 창출하는지가 중요한 시점이 됐다. 임팩트 투자사의 투자 기준도 그에 따라 변화하고 있을까.

김 크레비스파트너스의 내부 전략은 'From Brand to Technology'다. 브랜드가 스토리인 동시에 사회적 가치를 의미한다면, 이를 마무리하는 것은 기술이다. 물론 기술이란 단순히 소프트웨어만을 뜻하지 않는다. 그 안에 담긴 전문성까지 포괄한다. 전문성을 갖춘 기업이 결국 목표로 삼은 특정 사회문제를 마무리 짓는 것이다. 앞으로 문제를 '제기'하는 이들에게 투자하기보다 문제를 '해결'하려는 이들에게 더 힘을 실어주고자 한다. 임팩트 투자의 형태도 점차 그런 방향으로 가고 있다.

크레비스파트너스 김재현 대표

홍 올해 초 임팩트 얼라이언스 출범 소식을 듣고 반가웠다. 임팩트 투자사, 소셜벤처, 사회적 기업 등이 뭉친다면 산업 전반에 긍정적 변화를 불러일으키리라 생각했다. 왜 '연대'를 결심하게 됐나.

김 성수동으로 이전하고 나서 1~2년은 모두가 바빴다. 정신없이 지내다 2년 전부터 '우리가 이 동네에 왜 모였을까?'에 대한 대화를 나누기 시작했다. 초기 멤버는 나를 포함해 임팩트스퀘어(IMPACT SQUARE) 도현명 대표, 루트임팩트(ROOT IMPACT) 허재형 대표, 소풍 한상엽 대표였다. 그러던 중 2017년 문재인 정부가 출범하면서 갑자기 소셜벤처와 임팩트 투자에 관심이 집중됐다. 누구도 예측하지 못한 전개였다. 이 업계에 전문가라 부를 만한 사람이 드물다 보니, 우리 회사를 비롯한 몇몇 기업에 너무 많은 질문이 몰렸다. 처음에는 조금씩 대답했는데 그 답변이 정책에 바로바로 반영되니 두려워졌다. 그래서 공신력 갖춘 하나의 단체를 만드는 쪽으로 뜻을 모으게 됐다.

홍 언론에 알려진 바로는 약 50개 기업이 참여 의사를 밝혔다고 들었다. 진행 상황이 궁금하다.

김 일단 분기별로 50개씩 스크리닝해 150~200개 기업이 모이면 법인 설립을 진행할 예정이다. 시기는 올해 3분기 이후로 본다. 조직은 크게 정책위원회와 조직위원회로 나뉜다. 전자는 정부와의 소통 창구로서 정책 관련 대화를 이끌어 나갈 예정이다. 후자는 건강한 조직문화를 만들기 위해 다각도로 노력할 것이다. 사회문제 해결에 앞장선다고 해서 모든 기업의 내부까지 투명한 것은 아니다. 이런 상황을 개선하고자 기업들의 복지, 구성원의 노동 환경 등에 대해서도 관심을 기울이고 있다. 과거의 잘못을 단죄하기보다는 최대한 미래지향적 방향으로 나아가려 한다.

홍 앞서 말했듯 2017년 새 정부가 출범하면서 '사회적 경제 활성화 방안'이 발표됐다. 이후 다양한 형태의 지원이 이뤄지고 있는데, 정부 차원에서 추가적으로 어떤 뒷받침을 해야 할까.

김 정책의 실마리는 나온 상태다. 그나마 기업의 자생 근거는 마련되어 다행이다. 현 상황에서 정부가 나아갈 방향은, 자생에 성공한 기업이 매출 1,000억 원을 달성할 수 있도록 지원하는 것이다. 건강한 기업이라면 그렇게 얻은 이익과 가치를 소셜벤처 생태계에 다시 뿌릴 것이다. 그 정도 수익 규모가 아니고선 정부 의존형 펀드 플레이를 계속할 수밖에 없다. 현재 스타트업 시장은 전체 펀드의 80~90%를 정부 자금으로 운영 중이다. 그런 만큼 해당 산업의 저변을 넓히고, 각 기업의 수직 성장이 가능하도록 적극적으로 지원에 나서야 한다. 사실 저변은 충분히 확대됐다. 사업 제안서만 제대로 준비한다면 누구든 지원금을 받아 스타트업에 도전할 수 있는 시대니까.

홍 소셜벤처를 운영하는 기업가 입장에서 볼 때, 사회적 가치 추구와 기업의 수익 창출은 이분법적 잣대로 구분 짓기 어려운 문제다. 오히려 본질은 하나로 연결되어 있다. 그런데도 비영리와 영리의 관점으로 나누어 사업성을 판단하려는 경우가 여전히 많다. 임팩트 투자사도 이와 비슷한 딜레마를 느낄 것 같은데.

김 '임팩트 투자=착한 투자'라고 규정하는 것이 딜레마다. 사실 '착하다'와 '악하다'는 도덕성의 기준 혹은 개인의 가치관 차이 아닌가. 그 프레임 때문에 임팩트 투자 진행 시 여러 제약과 두려움이 생긴다. 보통 '착한 것은 약하다'라고 바라보는 시선이 존재하니까. 또한 성수동에 뿌리내린 단체들은 대체로 '타인을 불편하게 하면 안 된다'는 생각을 한다. 물론 타인을 해치거나 타인에게 피해를 입혀서는 안 된다. 하지만 불편함은 다른 차원의 문제다. 그것은 가족 간에도 충분히 생길 수 있는 감정이다. 새로운 시도를 하려면 어느 정도 불편함도 즐기고 감수할 수 있어야 한다. 이런 부분을 수용해 착하면서도 '건강한' 투자, 더 나아가 '강한' 투자를 하고 싶다.

소셜벤처 창업가, 임팩트 투자가에게 묻다

홍 크레비스파트너스는 우리 사회에 임팩트를 일으킨 여러 기업과 파트너십을 맺으며, 지금껏 성수동에서 임팩트 투자 생태계를 조성하기 위해 힘써왔다. 앞으로의 계획은 무엇인가.

김 최근 개인적으로 "나중에 뭐 할 건가?"라는 질문을 많이 받았다. 언젠가는 조금 더 비영리적 방향의 일을 하고 싶다. 기업을 운영하는 것이든 기업에 투자하는 것이든 굉장히 영리적 방식이다. 이 업계를 경험할수록 비영리 분야의 중요성을 느끼고 있다. 자본주의 원리만으로 사회의 민주적 부분에 완전히 기여하기는 어렵겠더라. 이렇게 말하면 혹자는 정치에 관심이 있느냐고 묻는데, 그건 아니다. 시민들의 의식 전환에 관심이 있는 것이다. 아직은 나도 그렇고, 다들 자기 목표와 판타지에 취해 '내 꿈이 뭐야?'라고만 생각한다. 이제 "우리 꿈이 뭐야?"라는 물음도 던져야 하지 않을까.

도시변태

성수를
K-팝 랜드마크로:
작곡가
김형석의 그림

글 김작가

성수동 이마트 본사에는 이곳과 절대 어울릴 것 같지 않은 공간이 있다. 이 공간에는 어쩐지 성수동에 어울릴 것 같지 않은 인물이 있다. 인물은 작곡가 김형석이요, 공간은 그의 작업실인 키위스튜디오다. 본래 창고로 사용하던 곳을 개조한 키위스튜디오에는 그의 그랜드 피아노가 놓여 있다. 김형석은 늘 피아노 앞에 앉아 건반을 두드린다. 그를 만나기 위해 이곳에 들어섰을 때도 피아노를 연주하고 있었다. 층고 6m, 눈에 띄게 높은 공간이다. 세계에서 가장 큰 스튜디오이자 가장 유명한 스튜디오인 영국 애비로드스튜디오의 층고가 7~10m가량이니 국제적으로도 꿀리지 않는 환경이다. 상업적 녹음실이 아니라 개인 공간임을 고려한다면 더더욱 그렇다.

키위스튜디오

성수를 K-팝 랜드마크로: 작곡가 김형석의 그림

작곡가 김형석

"공간이 높으면 울림이 커진다. 소리는 잔향(殘響)이 중요하기 때문이다. 특히 어쿠스틱 악기를 녹음할 때는 더 그렇다. 그런데 요즘은 음악의 특성상 그런 장소가 필요하지 않다. 어쿠스틱 악기를 많이 쓰지도 않거니와, 대부분의 음향을 다 미디로 찍으니까." 한때 좋은 스튜디오의 기준이 높은 층고였던 시절이 있었다. 음악 좀 하고 음반 좀 판다는 가수들은 다 거쳐간 서울스튜디오가 대표적이다. 하지만 지금은 쓰이지 않는다. 대부분의 음악이 디지털 소스를 바탕으로 하면서 사라져갔고, 현재는 대부분이 임대 중이다. 그런 면에서 김형석의 작업실은 자연의 소리가 가진 본연의 울림을 느낄 수 있는 흔치 않은 공간이다.

그가 성수동에 터를 잡은 건 7년 전. 이마트에 가면 늘 들을 수 있는 '이마트 송'을 의뢰받아 작업한 게 인연이 됐다. 결과물에 만족한 이마트 측에서는 그에게 지속적인 프로젝트를 제안했다. 그 대가로 물건을 매장에 깔기 전, 시범적으로 디스플레이하는 모듈러 룸을 개조해서 녹음실을 만들었다. 여기서 매장용 음악뿐 아니라 그의 모든 연주가 녹음됐다. 최근 화제를 모았던 김혜자 주연의 드라마 〈눈이 부시게〉(JTBC) OST도 이 공간에서 연주된 음악이다. 아이돌 그룹도 '떼창'을 녹음할 때 이곳을 찾는다.

YG엔터테인먼트도 어쿠스틱 악기는 성수동에서 녹음한다. 공원소녀 등 김형석이 이끄는 키위뮤직 소속 가수도 물론이다. 지난해 여름에는 석 달에 걸쳐 '천재 딴따라 발굴 프로젝트'라는 이름으로 이마트 뮤직 챌린지를 열었다. 1등 1,000만 원, 2등 500만 원의 상금이 걸렸다. 음악 오디션이나 경연 상금 외에 공연 지원이나 페스티벌 참가 같은 활동 지원이 뒤따르지만, 이 프로젝트는 좀 달랐다. "전국에 이마트가 150군데 있다. 1등과 2등뿐 아니라 1,000여 곡 중 뽑은 열 곡을 한 달간 전 매장에서 틀었다. 음악 플랫폼에 음악도 올려주고. 관련된 모든 수익은 전부 음악가에게 돌아가게 했다. 대박까지는 아니어도 나쁘지 않은 결과를 냈다." 물론 그 노래들도 이곳에서 녹음했다.

김형석이 성수동에서 개인 작업만 하는 건 아니다. 성수동, 을지로 등 최근 각광받고 있는 힙타운은 이전의 명소와 차이가 있다. 청년 하위문화의 기반이 없다는 점이다. 연남·망원·합정동은 '범 홍대 상권'의 인디문화, 이태원은 각 지역을 대표하는 하위문화의 흐름과 게이문화가 있다. 물론 성수동이 문화의 불모지라는 얘기는 아니다. 주택가 골목에 작은 공방들이 스며 있고 예술가들의 작업실이 구석구석 존재한다. 하지만 이를 가시적으로 드러낼 수 있는 상징적 공간이나 행사가 딱히 떠오르지 않는 것도 사실이다. "에스팩토리 같은 장소에 조금 아쉬움이 남는다. 가면 그냥 휑하다. 입점한 가게들도 휑하다는 느낌이다. 위치는 좀 떨어져 있지만 커먼 그라운드도 비슷하다. 충분히 명소로 자리 잡을 수 있을 텐데, 동대문시장에서 옷 가져다 파는 방식 아닌가. e커머스와 문화 콘텐츠를 결합하는 형태로 해야 했는데. 물론 이건 민간 자본이 해결하긴 쉽지 않다. 그렇다고 지자체가 일방적으로 투자할 수 있는 문제도 아니다. 그런 부분에 대한 교집합을 만들 수 있는 시스템이 필요하다."

그런 시스템을 만들기 위해, 그리고 성수동을 보다 문화적인 공간으로 만들기 위해 김형석이 꿈꾸는 건 페스티벌이다. 생각해보면 성수동은 기존의 페스티벌과 차별화된 행사를 만들 수 있는 좋은 조건을 가졌다. 우선 천혜의 공간인 서울숲이 있다. 지형적으로도 언덕이 없고 차도와 인도의 구분이 약하다. 공장과 창고 건물의 비중이 높기에 문보다 벽이 많다. 작은 상가들로 빼곡한 여타 지역과의 차이점이다. 우란문화재단, 성수아트홀 등 공연을 할 수 있는 시설이 이미 있으며 빈 창고나 공장 역시 공연과 전시장으로 활용할 수 있다. 도심형 페스티벌을 만들 수 있는 하드웨어 인프라가 갖춰진 셈이다. 텍사스 오스틴에서 영화, 음악, IT를 망라한 쇼케이스 페스티벌 SXSW(South by Southwest), 독립 예술 최대의 축제인 에든버러프린지페스티벌 같은 사례가 좋은 참고서다. 평범한 도시의 모든 거리와 공간이 일시적으로 공연과 전시를 위한 무대로 전환되는, 마법 같은 순간이 서울에서도 충분히 가능할 것이다. "시각예술이나 음악뿐 아니라 스트리트 아트를 보여주기에도 성수동은 좋다. 대부분은 평지니까 자전거 타고 다니면서 즐길 수 있다. 뉴욕 같은 데 보면 거리에서 마술도 하고 저글링도 하고 그러잖나. 동화 『헨젤과 그레텔』 같은 환상적인 동네가 되는 거지." 한국을 대표하는 작곡가답게, 이 환상적인 계획의 중심에는 음악이 있다. "한류를 배우겠다고 전 세계에서 많이 온다. 그런데 그 사람들이 와서 이상한 학원에 간다. 그 수요를 위해 민·관이 결합해서 성수동에 K-팝 랜드마크를 만드는 건 어떨까. 관련 자료도 비치하고 외국인들이 배울 수 있는 교육 프로그램도 만들고. 개인방송시설이나 숙박시설도 갖추고. 정부나 서울시와 합친다면 금방 발전할 거다. 민간에서는 이마트도 힘이 될 것 같다. 이마트 본사가 1~2년 이내에 이사할 예정이다. 그 후 본사 건물 전체를 문화센터로 만들고 싶어 한다. 유튜브 스테이지처럼 아카데미가 들어오고 개인방송 스튜디오, 오픈 작업실 등의 콘텐츠를 갖추면 베이징 798예술구처럼 되지 않을까."

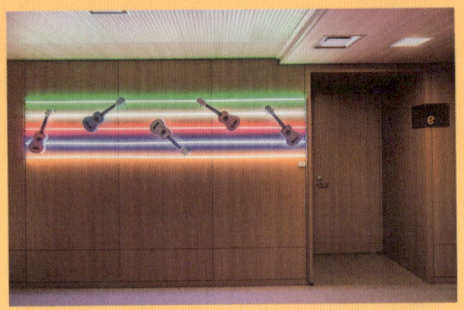

성수를 K-팝 랜드마크로: 작곡가 김형석의 그림

인스타그램과 유튜브의 시대, 음악이 중심이 되더라도 시각적 요소들은 공동 주연급의 중요도를 갖는다. 음악 기획사 키위뮤직, 음악 아카데미 케이노트 외에 '팝엔 팝'이라는 작가 에이전시를 만든 것도 그 때문이다. "2년 전쯤 찰스장, 콤마 작가 등의 합동 전시회를 갔는데 콘텐츠가 너무 좋았다. 이걸 공연이랑 엮으면 재밌겠다 싶었다. 아이돌과는 또 다른 볼거리를 제공할 수 있겠더라. 서로 이야기를 나누다 보니 작가들의 권리가 1980년대 음악계처럼 인정을 못 받고 있다는 것을 알았다. 그런 작가들의 활동을 도와주고 권리를 지켜주는 에이전시다. 지금은 팝아트, 미디어아트, 그래피티, 설치미술, 사진 등 작가 120명과 전속 계약이 돼 있다. 요즘은 다 인스타그램에 올리지 않나. 비주얼로 만족시켜야 한다. 홍대 앞 인디 밴드들이 아쉬운 게 클럽에서 연주하는 모습을 찍어 올리지 않나. 효과가 없다. 시각적, 음악적으로 부족한 마니아 콘텐츠다. 여기에 미술, 혹은 라이브 페인팅 같은 게 들어가면 보여 줄 게 많아진다. 어쨌든 나는 음악과의 접점을 찾게 되더라."

김형석과 자웅을 겨루는 한 작곡가는 그에 대해 이런 말을 했다. "김형석은 음악도 잘하는데 비즈니스 감각도 좋다. 둘 다 잘하기가 쉽지 않거든." 사실 그렇다. 그가 만든 명곡들을 여기에서 일일이 열거할 필요는 없을 것이다. 기획사, 아카데미 등 사업적인 영역에서 다른 동급 작곡가보다 활발하다. 게다가 2018년 평양 남북정상회담 때 음악계를 대표하여 평양을 방문했다는 사실은 그의 현실 감각을 말해주는 단초다. "다양한 분야의 사람들로 이루어진 컨소시엄을 만들어서 성수동 프로젝트를 위한 아이디어를 모으려 한다. 상가연합회, 지역 활동가 등 가리지 않고 뜻 있는 사람들은 다 좋다. 내 역할은 이마트나 문화체육관광부와 이야기하고 정리해서 예산을 확보하는 것이다." 여태껏 한국에 없었던 도심형 페스티벌, 성수동이 그 오선지가 되고 도화지가 될 날이 그리 머지않아 보인다.

10

신생산기지

새로운 가치를 만드는 공장

성수동의 개성과 특징을 고스란히 남기면서 젠트리피케이션의
부정적 영향을 최소화하기 위해서는 다양성 있는 공간이 필요하다.
과거부터 지금까지 성수동은 다양한 소규모 공산품을 생산해온
지역이다. 이제 이곳에서 유형의 물건이 아닌 새로운
문화적 가치를 생산하고 만들어내는 공간을 발견하고자 한다.
이름하여 신생산기지다.

글 심영규

문화의 공장

소위 '뜨는 동네'로 불리며 사람들이 줄지어 방문했으나 젠트리피케이션의 광풍이 휩쓸고 지나간 폐허에 우리는 이미 익숙하다. 신사동이 그랬고, 홍대가 그랬고, 이태원의 경리단길과 연남동이 그랬다. 동네의 고유한 색은 희미해지고 뻔한 프렌차이즈와 대형 상점이나 분점이 들어온다. 거리에 사람은 많아졌지만 개성은 사라지고 힙스터들은 다시 새로운 지역을 찾아 떠난다. 성수동은 비교적 최근인 2011년에 뜨기 시작한 동네다. 다양한 사회적 기업을 필두로 빈 창고나 공장을 개조해 만든 상업공간과 개성 있는 카페가 지금의 이곳을 만들었다. 그러나 대부분은 소비를 위한 공간이다. 동네의 주인은 여전히 방문자나 뜨내기가 아닌 이곳에서 일상을 영위하는 사람들이다. 지금의 개성을 지켜가며 성수동에 지속적으로 사람들이 유입되려면 몇 가지 조건을 갖춰야 한다. 무엇보다 소비 공간이 아닌 지역 콘텐츠를 생산하는 공간이 필요하다.

우란문화재단 전경

새로운 가치를 만드는 공장

(왼쪽부터) 스피닝울프, 도렐

2018년 10월 문을 연 우란문화재단은 '문화 불모지' 성수동에 단비와 같은 공간이다. 그동안 주변에서 공연을 볼 만한 곳은 성수문화재단에서 운영하는 성수아트홀(2012년 개관)이 거의 유일했다. 2014년 행복나눔재단에서 독립해 동빙고동에서 성수동으로 이전한 우란문화재단 건물은 12층 규모로 성수역 초입에 있어 랜드마크와 같다. 준공업지역에 문화재단이 들어선 이유는 무엇일까? 강정모 사무국장은 "재단은 공연과 공예를 중심으로 하는데, 이곳은 서울에서 드물게 장인과 수공예문화가 부분적으로 남아 있는 지역"이라며 성수동행의 이유를 밝혔다. 마침 대림창고나 다양한 문화공간이 들어서던 시기였다. 오랜 시간 하나의 기술을 연마하는 장인과 그들의 공간인 공장, 그리고 한 땀 한 땀 연습하며 공연을 올리는 작가와 그들의 공간인 공연장은 어찌 보면 일맥상통한다. 그래서인지 건물의 외형을 톱니 모양의 공장 지붕에서 착안해 아이콘 형태로 공연장 지붕을 만들었다. 또한 동네에서 너무 튀거나 거대하게 보이지 않도록 매스를 분절하고 발코니를 디자인했다. 건물 아래서 올려다보는 발코니의 모습은 마치 한옥 처마처럼 보이기도 하고 기와가 누워 있는 것처럼 보이기도 한다. 건물의 외장재도 공장에서 사전 제작해 만든 모듈형 프리페브리케이션 콘크리트다.

이 건물에 공연장만 있는 건 아니다. 작가를 육성하고 인큐베이팅하며 다양한 공연·전시 프로그램 제작을 지원하는 '우란5경'이라는 이름의 5개 공간이 있다. 1경은 갤러리, 2경은 소극장, 3경은 연습실, 4경은 녹음실, 5경은 작업실이다. 그 밖에도 다양한 입주 공간이 있는데 문화 기업 플레이스(playce)가 운영하는 카페 도렐(Dorrell)과 11층 스카이라운지 스피닝울프(SPINNING WOLF) 그리고 코워킹 스페이스가 있다. 디자인 기업 '퍼셉션(Perception)'과 브랜딩 기업 '더.워터멜론(the.WATERMELON)'도 입주했다. 이렇게 다양한 기업이 공존하다 보니 서로 협업도 가능하다. 강정모 사무국장은 "건물 내부에서도 문화와 가까이 있다고 느끼도록 세심하게 배려했다"고 말한다. 실제로 우란문화재단 내부에서는 일상의 조급함에서 벗어나 작은 마을에 있는 듯 각양각색의 사람들과 마주치고 영감을 얻을 수 있다. "성수동에는 초·중·고교를 한 군데로 이어서 다니는 사람이 많아 서울 도심 치고는 동네다운 이미지"라는 그의 말처럼, 성수동은 마지막 문화 장인들이 남아 있는 정감 어린 장소다.

공간을 펼치고 사람을 키우다

강정모(우란문화재단 사무국장)

재단 설립 이후 '인력 육성, 콘텐츠 개발 확장'을 모토로 예술가를 지원하고 공연과 다양한 프로그램을 개발해왔다. 이런 방향을 설정하게 된 배경은.

예술로 생계를 이어가는 사람들은 어느 정도 이상의 반열에 올라야 관객들이 찾는다. 신진 창작자를 지원하는 재단이나 프로그램은 많은 반면 중간 단계의 작가를 지원하는 경우는 많지 않다. '허리'에 해당하는 이들이 지원과 교육을 받아야 예술계의 자가발전이 이뤄진다. 성수 시대를 열며 기존 프로그램을 '우란이상'과 '우란시선'으로 개편했다. 우란이상은 문화예술 인력을 대상으로 다양한 연구 및 주제 개발을 독려하는 인큐베이팅 프로그램이다. 개편되기 이전의 지원 사업부터 시작해 현재까지 지원한 예술가는 50여 명, 최종 발표를 위한 관련자까지 더해 300명 가까운 인력이 함께했다. 우란시선은 우란문화재단의 관점으로 해석한 기획력이 핵심인 기획전시·공연 프로그램이다.

언급한 대로 우란3~5경을 통해 레지던시를 운영하고 창작 활동을 지원하며, 우란1~2경을 통해 대중과 호흡한다. 공간별 특성과 규모, 프로그램에 관해 설명해달라.

'경(景)'은 성수동으로 이전하며 우리가 준비한 공간의 의미를 담은 이름이다. 공간 설계는 프로그램을 운영하는 데 가장 필요한 기능적 요소를 반영했다. 5개월의 개관축제 기간 동안 각 공간 특성을 가장 잘 보여 줄 수 있는 프로그램으로 편성했다. 1층의 우란1경은 직사각형 공간으로, 일반 갤러리와 다른 전시와 공연 세팅을 할 수 있다(162.4m²). 2층에 위치한 우란2경은 정사각형 블랙박스 형태이며 자연광이 들어오는 특징이 있다. 또한, 최대 120명까지 수용해 자유로운 활용이 가능하다(327.2m²). 3층에 위치한 우란3경과 5경은 예술가를 위한 레지던스 스튜디오이며 같은 층의 우란4경은 녹음실이다. 음악 중심 작업의 효율을 높이는 공간으로 구획했다.

'우란5경'을 통해 작가를 육성하고 인큐베이팅하며 다양한 공연·전시 프로그램 제작을 지원한다
(왼쪽부터) 개관축제 프로젝트 우란시선 '몸소'와 우란이상 'WALK ON'의 한 장면

재단의 건물과 공간이 어떤 콘텐츠로 채워지기를 바라나.

우리는 이 공간을 만들 때, 최대한 많은 것을 펼쳐 보일 수 있으면 좋겠다고 생각했다. 프로그램 또한 마찬가지다. 사람들이 이곳을 자연스럽게 드나들며 우리가 펼치는 예술적 영감을 나누었으면 좋겠다.

개관축제는 3월로 종료하고 새로운 프로그램을 선보인다. 향후 어떤 방향으로 기획 중인가.

개관축제를 통해 짧은 시간 동안 재단의 전체 사업을 선보였다. 2014년 재단 출범 이후 문화 인력 육성과 좋은 작품 소개를 재단의 일관된 방향성으로 유지하고 있다. 이는 앞으로도 변하지 않을 것이다. 좋은 예술가가 좋은 콘텐츠를 생산한다는 믿음이 있기 때문이다. '좋은'의 기준은 질 높은 것을 말하지 않는다. 사람들에게 영감을 전달하거나 일상을 환기시킬 기회를 제공하는 문화예술을 의미한다.

재단과 함께 작업하며 성수동에 머물렀던 박천휴 작가는 이곳을 브루클린에 비유하며 "지역의 힙플레이스나 유행은 얄팍한 자본이나 사람들의 방문이 아니라 작가들의 '창의적 감수성'에서 비롯된다"고 지적했다.

우리는 성수동에 앵커(anchor)로 있고, 따라서 다양한 문화를 만드는 여러 사람이 모이게 하는 것이 중요하다. 사람들은 점을 찍고 성수동을 방문한다. 그곳이 힙플레이스일 수도 있고 카페일 수도 있다. 우란문화재단 또한 목적지가 될 수 있다. 그렇기 때문에 우리가 하는 프로그램이나 이 공간에서의 생산적 예술 활동이 중요하다. 1층의 도렐도 단순히 커피를 파는 곳이 아니라 커피문화에 대한 나름의 철학을 지닌 곳이다. 일종의 예술이다(웃음). 11층의 스피닝울프에서는 버스킹을 비롯해 많은 원데이 클래스가 열린다. 이처럼 문화를 키워드로 소통하는 다양한 사람이 이곳에 많이 모였으면 한다.

변화의 시대, 유니언을 모으다

지난 1월 24일, 색색의 옷을 한껏 차려입은 젊은이들이 줄지어 낡은 공장을 방문해 여기저기 셔터를 눌러댔다. 복합문화공간 성수연방이 문을 연 날이었다. 새로운 재화와 문화를 생산하는 공장이라 할 수 있는 성수연방에는 존쿡델리미트, 창화당, 피자시즌, 자파브루어리, 인덱스카라멜 등 F&B 상점과 함께 띵굴스토어, 아크앤북, 천상가옥 같은 문화공간도 입점했다. 또한 제품 생산 공장과 성수포럼을 운영하며 문화와 소규모 제품의 신생산기지로 주목받고 있다. 이곳을 기획하고 운영하는 오티디코퍼레이션(OTD Corp.)은 식음료 편집숍을 기획·운영하는 셀렉트 다이닝과 라이프스타일숍을 운영하는 공간 플랫폼 기업이다. F&B에서 라이프스타일숍까지 영역을 확장하다 이제는 직접 식품을 생산하는 공장을 연 것이다.

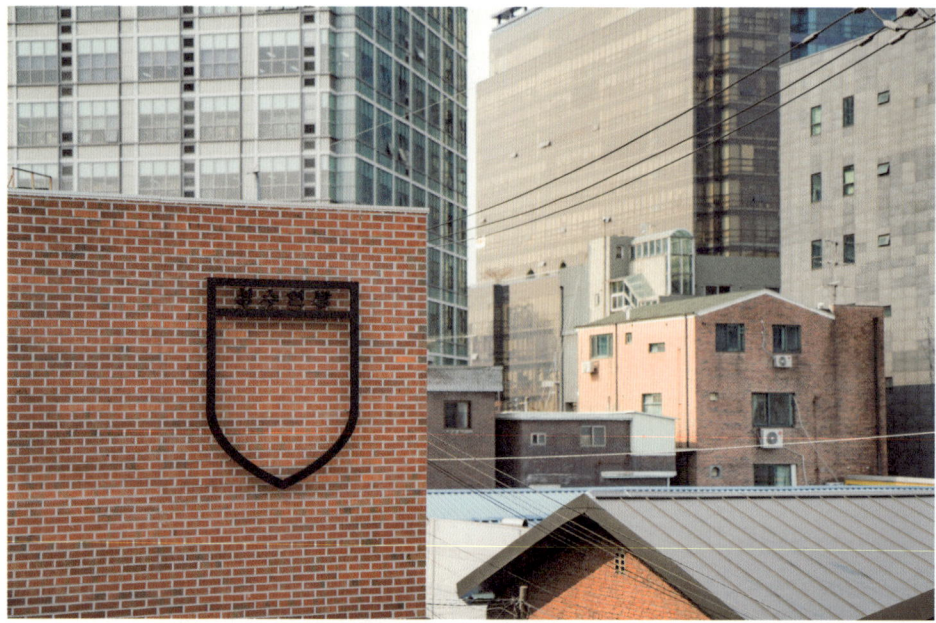

띵굴스토어

천상가옥

이는 시대 변화에 따라 시장이 바뀌고, 소비자들의 요구가 변했기 때문에 가능한 일이다. 대기업이나 가맹점에서 생산하는 제품은 개성이 없다. 대량 생산 제품은 객단가를 낮춰야 하고 가성비가 중요하다 보니 까다롭게 변한 소비자의 요구에 일일이 대응하지 못한다. 그뿐만이 아니라 스마트폰 사용과 기술 개발에 따라 입점 위치나 동선이 불리해도 개성 있는 브랜드라면 소비자가 찾는다. 이에 오티디코퍼레이션은 품질이 우수하고 브랜딩이 잘된 작은 브랜드와 협업하고 있다. 이들을 한 공간에 모으고 공장을 두어 원가를 줄일 뿐 아니라 행정적·물리적 지원을 통해 상생하는 모델인 것이다. 이진욱 개발팀장은 "최근 사람들이 진정성을 찾아 떠나는 모험가로 바뀌었다. 식료품도 본질이 드러나는 공간을 보여주면 소비자가 직접 만들고 맛보며 새로운 가치를 발견한다. 즉, 모든 상품 자체가 '본질에 대한 속살'을 보여줘야 한다"고 강조한다. 이제는 대중매체를 통한 단순 광고나 SNS만으로는 소비자에게 다가갈 수 없다. 그는 "제품 자체가 훌륭하면 아예 위탁 생산한 뒤 포장해 우리의 판매 채널에서 유통하는 선순환 고리를 만들 생각"이라고 말한다.

오티디코퍼레이션은 성수연방을 통해 작은 실험의 결과를 보여줬다. '오버 더 드림'이라는 프로그램을 진행해 조리법 개발, 매장 디자인, 브랜딩, 개점까지 도왔다. 그 결과로 〈마스터셰프코리아〉(Olive) 출신 김태형 셰프의 피자시즌을 1층에 런칭했다. 또한 1층의 수제 맥주 전문점 자파브루어리 대표는 아버지 대부터 인도에서 소형 양조장을 운영한 경력과 상품성을 갖췄다. 이 팀장은 "로컬 브랜드는 개성과 독특함뿐 아니라 대중과 소통할 수 있는 상품성이 중요하다. 우리는 경력보다 실력을 검증하는 정성적 평가를 한다"고 말한다. 창화당은 만두라는 콘텐츠 하나에만 집중한 브랜드이며, 인덱스카라멜은 캐러멜에 집중하되 포장을 색다르게 했다. 다품종시대에 특정 상품에 대한 집중성의 가치를 본 것이다. 이제 개성과 자기 철학을 가지고 만드는 브랜드와 알려지지 않은 로컬크리에이터를 한자리에 모아서 그들의 능력을 발휘하는 '연방의 시대'가 온 것이다.

진정성을 찾아 여행하는 힙스터를 위한 안내서

이진욱(오티디코퍼레이션 개발팀장)

성수연방을 기획하게 된 배경은 무엇인가.

새로운 문화적 코드를 주입할 수 있는 지역이 필요했다. 소비자에게 단순히 F&B나 라이프스타일숍을 제안하려 했다면 이곳보다는 중심상권에 자리 잡았을 것이다. 새로운 문화 코드나 가치를 찾는 사람들과 젊은이들이 성수동을 원한다. 게다가 기존의 중심상권은 특색이 없는 반면 성수동은 물리적 공간의 특징이 뚜렷하다. 또한 최근의 공간 트렌드를 고려할 때, 일단 사람들이 외부에서 전체 형태를 인식하기 쉬워야 하고 동시에 개방되어야 한다. 실내뿐 아니라 야외에서 행사가 열려야 스펙터클하다고 생각한다. 그래서 건축적으로 야외 중정을 고민했고 자연스레 준공업지역을 찾게 됐다. 현재 성수연방은 대칭을 이루는 두 동과 중정이 있어 매력적이다. 원래 이곳은 대명케미컬이라는 화학 회사의 물류창고였고 일부에는 신발공장도 있었다.

땅굴스토어

2층 공장에서 존쿡델리미트의 육가공식품, 샤오짠의 만두, 인덱스카라멜의 캐러멜 등을 생산한다. 식품업체마다 필요한 요구와 면적, 컨디션이 다를 것이다.

현재 공유공장 개념으로 운영하는 명동 디스트릭트M의 베이커리공장에서는 르뱅과 태극당의 빵을 생산한다. 공유공장도 기본 레이아웃은 비슷하다. 예를 들어 베이커리류와 육류 등 세부 설비가 다른 품목이 함께 있지만, 생산 과정에서 교차 오염 등의 문제가 생길 수 있는 품목은 제한한다. 사실 생산보다는 관리나 유통이 더 어려운 문제다. 우선 생산 면적은 최소화했다. 디스트릭트M의 베이커리는 50평이고, 성수연방 공장 우측 2층은 100평, 좌측 50평 규모다. 주문이 많아지면 규모를 키울 예정이다.

인덱스카라멜

식품제조업인증과 해썹(HACCP·식품안전관리인증) 요건이 까다롭다. 가장 큰 문제가 무엇인가.

당연히 행정상 복잡한 부분이 있다. 예를 들어 해썹은 식품의약품안전처와 오래 이야기해야 하고, 품목별 상세한 상품설명서 등 필요한 서류가 많다. 당장 영업하기 바쁘고 전문성 없는 소규모 제조업체가 컨설팅을 받아 진행하려면 1억 원 이상의 비용이 든다. 물리적으로도 그 기준에 맞춰 위생실, 제조실, 포장실을 구획하기 어렵다. 대부분 임차인은 자가 공간이 아니기 때문에 설비를 마음대로 갖추기도 쉽지 않다. 이런 한계를 극복하기 위해 '성수연방2'를 기획하고 있다. 새로운 형태의 공유공장으로 식료품점이나 전시장, 스튜디오, 강연장도 운영할 예정이다. 대략 250평 규모로 생각하고 있다. 성수동을 조금 벗어나 다양한 지역을 조사·기획 중이다. 품목은 HMR(Home Meal Replacement, 가정 간편식)을 고민 중이다. 우리는 아예 식품 제조 쪽으로 밸류 체인하려 한다. 그 방법으로 작은 브랜드와 협업하고 소량 다품종 생산으로 상품의 다른 가치를 전달하는 게 최종 목적이다. 판에 박힌 편의점의 반조리 식품이 아니라 '다품종 고감도' 식품을 만들고자 한다.

최근 위쿡이나 심플키친 등 다양한 형태의 공유주방이 주목받고 있다. 어떻게 차별화할 것인가.

단순히 F&B 인큐베이팅과 같은 공유주방의 개념과 다르다. 스타트업을 위한 '위워크'와 같다. 이미 어느 정도 상품성을 가진 작은 브랜드를 모으고 1차 선별 과정을 거친 업체가 다음 허들을 넘기 위한 곳이다. 국내엔 비슷한 사례가 없다. 어차피 공장이란 개념으로 접근하면 규모의 경제로 가야 한다. 규모와 생산량을 늘려 객단가를 낮춰 수익성을 만드는 개념이다. 그러다 보니 도심에 제조시설이 있을 필요가 없다. 그러나 우리는 이런 제조의 시대가 끝났다고 본다. 대기업은 품질이 낮다. 소비자는 이런 뻔한 상품을 원하지 않는다. 기대 수익이 한정되어 있다면, 물류 환경이 좋은 도심에 콤팩트한 공장을 모아서 상품성 있는 제품을 유통하는 게 더 가치 있다. 좋은 제품이 수익성을 높여 생산까지 할 수 있도록 지원하려 한다.

대량 생산 시스템의 한계로 대기업도 변하는 시대다.

대형마트 3사 중 하나와 '셀렉트 베이커리숍' 입점을 논의하고 있는데, 우리 공유공장에서 생산한 빵을 판매하려 한다. 기존엔 대량 생산된 빵을 납품받아 팔았다면, 이제는 우리와 협업해 전문성 있는 브랜드로 소비자에게 다가가야 한다고 판단한 것이다. 바켄을 비롯한 유명 지역 제과 브랜드와 협업할 예정인데, 일종의 빵 편집숍이다. 대형마트 주변 상권에 맞는 브랜드만 선별해 큐레이션한다. 공급자가 아닌 소비자 취향에 집중해 전통 있는 브랜드를 소개할 예정이다.

피자시즌

아크앤북

오티디코퍼레이션은 공간 콘텐츠 베이스 사업자의 선두에 있다. 부담과 책임감이 클 것이다. 향후 이 시장을 어떻게 고도화할 계획인가.

두 가지 방향이 있다. 공유공장은 우리가 일종의 제조업으로 도약하기 위한 방향이다. 작은 브랜드와의 협업, 음식의 본질을 찾아가는 과정 등 다른 가치를 추구하려 한다. 외연을 확장하는 방식도 고민 중이다. 책이나 상품을 큐레이션해 사람들에게 다가가는 것이 그 대표적인 예다. 그 밖에도 정적인 공간에서 동적인 이벤트를 전개할 예정이다. 천상가옥에서 성수포럼과 같은 문화 프로그램을 운영하는 것을 들 수 있겠다. 단순히 예쁘게 만든 공간에 그치는 것이 아니라, 사람들이 열광하는 강연자를 초빙해 동적인 콘텐츠를 만들 예정이고, 이는 스타트업 종사자나 직장인을 대상으로 한다. 프로그램은 대체로 디자인이나 예술 쪽으로 특화되어 있는데, 디자인적 감수성이 있는 사람들이 공간에 와야 한다고 생각하기 때문이다. 그저 강연만 듣고 돌아가는 게 아니라 브랜드를 체험하고 제품을 구매할 수 있도록 구성하는 것이다.

마리몬드라운지

포지티브제로라운지

안전가옥

코나카드와 함께하는 성수동 투어

아는 만큼 성수동이 보인다.
당신은 성수동을 얼마나 보고, 듣고, 먹고, 다녀보았는가?
자신의 취향에 따라 알맞은 코스를 선택해 성수동에서의 하루를 채워보자.

힙플레이스

카페 포제

크리에이티브 그룹 'POSITIVE ZERO'가 운영하는 카페. 국내 신진 디자이너들의 가구와 아트 포스터, 빈티지 오디오 등으로 채워진 감각적인 공간이다.

MON~SUN 10:00~22:00

성동구 연무장9길 7

어메이징브루잉컴퍼니 성수 브루펍

오래된 목공소와 그 옆의 연마공장을 연결해 만든 브루펍으로, 가장 잘 알려진 '성수동 페일에일'을 비롯해 40여 종의 수제 맥주를 선보이고 있다.

MON~FRI 18:00~01:00
SAT 16:00~01:00
SUN 16:00~24:00

성동구 성수일로4길 4

W×D×H

삶의 질을 높여주는 디자인 소품을 제안하는 라이프스타일 편집숍이다. 각각의 제품이 탄생하기까지의 이야기를 소개하며 소비자에게 가까이 다가간다.

MON~FRI 12:00~20:00
SAT~SUN 13:00~20:00

성동구 연무장길 8-1

센터커피

엄선한 원두로 내린 스페셜티 커피와 통유리창 너머로 보이는 서울숲 풍경이 인상적인 곳으로, 자매 공간 아꼬떼뒤파르크 베이커리의 디저트를 함께 즐길 수 있다.

TUE~SUN 10:00~21:00
(월요일 휴무)

성동구 서울숲2길 28-11

eert

일본식 정원과 다다미 인테리어가 마치 교토에 온 듯한 느낌을 주는 카페다. 녹차의 찻잎을 볶아 만든 호지차와 시즌별로 구성이 바뀌는 디저트 박스가 인기다.

TUE~SUN 12:00~20:00
(월요일 휴무)

성동구 서울숲2길 19-17

아는 만큼 성수동이 보인다

맛집

성수족발

서울 3대 족발 중 하나이자, 성수동을 대표하는 터줏대감 가게다. 촉촉하고도 쫄깃한 식감의 족발은 소주와 좋은 궁합을 자랑한다.

MON~SUN
12:00~22:00

성동구 아차산로7길 7

소문난성수감자탕

푸짐한 양과 깊은 국물맛이 일품인 감자탕 전문점이다. 건더기를 다 먹을 즈음 즉석에서 손으로 떠주는 수제비가 별미다.

MON~SUN 00:00~24:00

성동구 연무장길 45

큐뮬러스

차분한 분위기와 감각적인 플레이팅이 돋보이는 샌드위치 전문점이다. 매월 메뉴가 조금씩 달라지므로 언제나 신선한 느낌을 받을 수 있다.

WED 12:00~17:00
THU~SUN 10:00~17:00
(월요일, 화요일 휴무)

성동구 성덕정9가길 6

할머니의 레시피

어머니에게서 배운 할머니의 손맛을 재해석한 한식 레스토랑. 모던하면서도 따뜻한 느낌의 인테리어와 정갈한 상차림이 잘 어우러진다.

WED~MON 11:30~22:00
(B.T 15:00~17:00)
(화요일 휴무)

성동구 서울숲6길 15-1

팩피

고수 스파게티니, 오징어 리가토니 등 창의적인 메뉴를 선보이는 파스타 전문점이다. 뚝섬역에서 다소 먼 위치에도 불구하고 발길이 끊이지 않는다.

TUE 18:00~22:00
WED~SUN 11:30~22:00
(B.T 15:00~18:00)
(월요일 휴무)

성동구 왕십리로 136

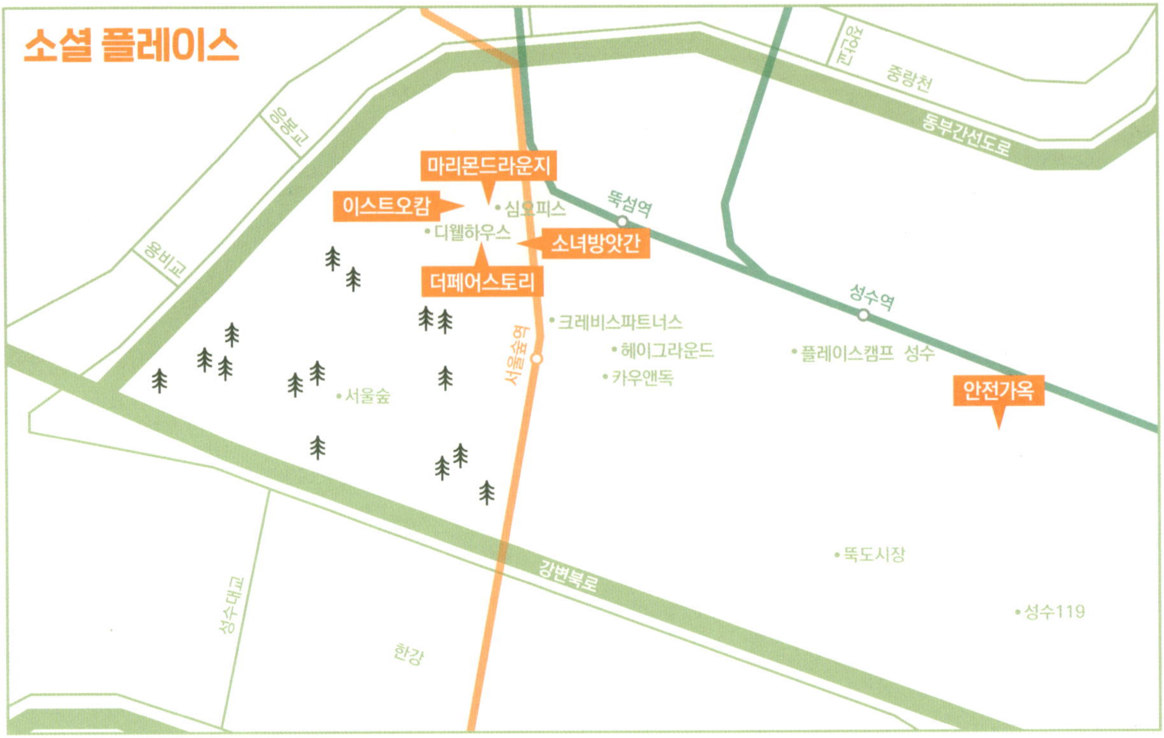

성수동 코스

소셜 플레이스

이스트오캄

시간이 지날수록 가치 있는 제품들을 소개하는 의류 편집숍. 수시로 전시와 영화감상회 등을 선보이며 문화공간으로 거듭나고 있다.

MON~SUN 13:00~21:00

성동구 서울숲길 46

마리몬드라운지

인권을 위해 행동하는 라이프스타일 브랜드 '마리몬드'의 오프라인 매장이다. 디자인과 예술, 적극적인 행동으로 사람들의 일상 속에 함께하는 브랜드를 지향한다.

MON~SUN 11:00~21:00

성동구 서울숲6길 12

더페어스토리

공정무역 기업 '더페어스토리'의 쇼룸으로 저개발국가 생산자의 이야기와 제품을 소개한다. 이국적이면서도 아기자기한 수공예품을 만날 수 있다.

MON~FRI 10:00~18:30

성동구 서울숲2길 38-1

소녀방앗간

청정지역의 농산물로 만든 제철 반찬과 산나물밥을 맛볼 수 있는 한식당. 지역 장인과 도시의 소비자 사이를 잇는 징검다리 역할을 자처하고 있다.

MON~FRI 11:00~21:00
(B.T 15:00~17:00)
SAT~SUN 11:00~21:00

성동구 왕십리로5길 9-16

안전가옥

장르문학 창작자를 위한 커뮤니티 공간. 작업실과 라이브러리를 갖추고 있으며, 다양한 스토리 콘텐츠를 주제로 대담이나 워크숍을 개최한다.

TUE~SUN 11:00~23:00
(월요일 휴무)

성동구 연무장길 101-1

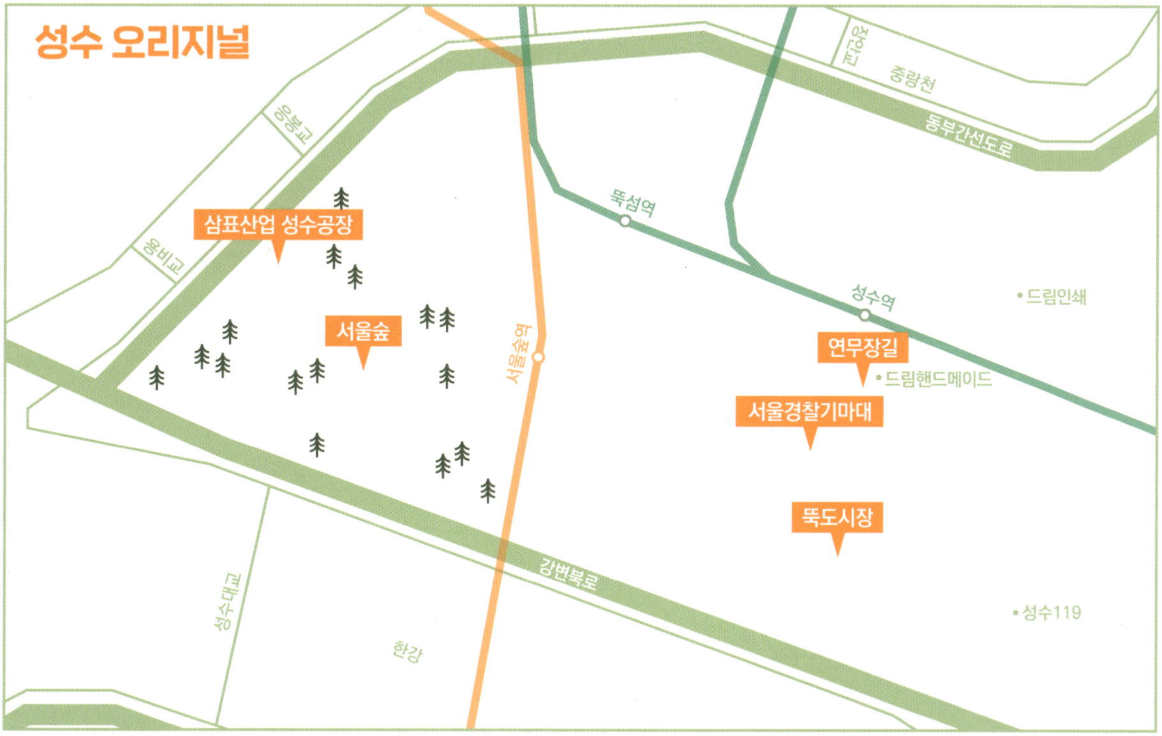

성수 오리지널

뚝도시장

1960년대 성수동의 옛 중심가였던 뚝섬로 인근에 형성된 전통시장으로 한때는 서울 3대 시장 중 하나로 여겨졌다. 지하철 개통, 중심 상권 이동 등으로 인해 침체하였으나, 성수동 생활 양식의 원형을 그대로 보존하고 있어 여전히 그 가치가 높다.

성동구 성수이로 32-15

서울경찰기마대

1946년부터 이어져 온 우리나라 최초의 경찰 기마대. 각종 행사 지원 및 방범 활동, 경찰 홍보 등을 맡고 있으며, 청사에서는 승마체험을 제공한다. 지난 2017년 그 역사적 가치를 인정받아 서울미래유산으로 지정되었다.

성동구 성수이로7길 17

연무장길(수제화거리)

지명은 조선시대 도성에 주둔하는 군대를 사열하던 의식에서 유래하였다. 현재는 500여 개의 수제화 관련 사업체들이 모인 거리로, 오랜 경력을 자랑하는 장인들의 제품을 만나볼 수 있다.

성동구 성수동2가

서울숲

서울 올림픽 개최 이후 1989년 과천으로 이전한 경마장 부지에 조성된 공원이다. 도심 속 휴식처가 되어주고 있는 테마공원으로, 가드닝 워크숍과 정원 투어 등 다양한 프로그램이 마련되어 있어 나들이 장소로 사랑받는다.

성동구 뚝섬로 273

삼표산업 성수공장

서울 도심부에서 가장 가까운 레미콘 공장이다. 그대로 두면 굳어버리는 레미콘의 특성상 특히 용산구 일대 골재 공급에 있어 중요한 역할을 수행해왔다. 장기적으로 대체 부지를 구한 뒤 이전할 예정이며 이후에는 서울숲 부지 활용을 논의 중이다.

성동구 고산자로 71

아는동네
아는성수

발행인
홍주석

편집장
심영규

에디터
강필호 이영주 이지현 조윤

편집위원
김작가

디자인
김한솔

사진
박상준 유하연 조혜원

교정·교열
박성숙

컨트리뷰터
강정모 김강 김미진 김예니 김재원 김재현 김정환 김진희 김하늘 김형석 박범선 박천휴 배재곤 오수연
우동준 우승우 유홍식 이유진 이재웅 이진욱 장은진 정지수 조혜령 채건호 한우창 허지용 현창용

초판 1쇄 인쇄 2019년 5월 15일
초판 1쇄 발행 2019년 6월 3일

(주)어반플레이
02-3141-7977
contact@urbanplay.co.kr
www.urbanplay.co.kr

ISBN 979-11-961009-9-5
ⓒ 2019 어반플레이 Printed in Korea.

파본이나 잘못된 책은 구입처에서 바꾸어 드립니다.
이 책은 저작권법에 따라 보호받는 저작물이므로 무단전재와 무단복제를 금지하며,
이 책 내용의 일부 또는 전부를 이용하려면 반드시 사전에 저작권자와 출판권자의 서면 동의를 받아야 합니다.
책값은 뒤표지에 있습니다.